青春文庫

朝イチバンの1日1話

# 元気がわく習慣

植西 聰



青春出版社

# はじめに

一日のはじまり。新しい季節。

心がワクワクして、なにか楽しいことが起きそうな予感がするものです。

「今朝は、いつもと違う道を散歩してみよう」

「今日から、勉強の本を読みはじめよう」

「出かけた先で、いい出会いがあるかもしれない」といった意欲も、自然とわくことでしょう。

ただ、ときには、ゆううつな気分の日もあって当然です。

「最近、なにをやってもうまくいかない」

「外に出かけるのも、布団から出るのすらも、おっくうに感じる」

「どうして自分は運が悪いんだろう?」と悩む人が多いのも、また事実なのです。

じつは、運がいい人・悪い人には、はっきりとした傾向があります。

たとえば、近所に新しくカフェができたとします。雰囲気や評判もよく、「行ってみたいな」と気になっています。

そんなとき、運がいい人は、さっそく行動します。ケーキを食べてみて「評判どおり、おいしかったな」と満足することで、心にプラス感情が増えます。

一方、運が悪い人は「人気だから混んでいるだろう」「並ぶのは面倒くさい」「ケーキがおいしいと宣伝しているけど、本当かな？」と考えて、なかなか足を運ぼうとしません。

日常生活のあらゆる場面に、この傾向が見られます。

人生は、選ぶことと行動のくりかえしです。

一説によると、人は1日に1000回以上の「選択」をしているそうです。「なにを食べるか」「なにを着るか」といった日常的なことから、「どちらの人生へ進むか？」といった大きなことまで、数えきれないほどの選択をしています。

そんなとき、自分の心が望むままに行動すれば、プラス感情が増え、本心をごまかしてしまえば、マイナス感情が増えていきます。

このちょっとした違いが、長い目で見たときに、運を左右しているのです。


この本を通じて「元気がわく習慣」を身につける、もっとも適した時間帯は、「朝イチバン」です。昨日までの疲れがいったんリセットされ、運の流れをいい方向へ変える、最初のチャンスといえます。

忙しすぎて時間がとれない人は、お休みの日の朝だけでもかまいません。


なにをどう選ぶかは、自分次第です。

より自分らしく生きるために、本心を意識してみましょう。

次の小さな選択が、将来の大きな幸せにつながるかもしれないのです。

植西 聰

# 目次

朝イチバンの1日1話　元気がわく習慣



## 1章　嬉しいことだけ増える法則

## 2章

## 今日を彩る言葉をチャージ！

# 3章

## 一日じゅう、ご機嫌がつづく

## 4章 もっと自分を好きになる

# 5章

## 人に振り回されないコツ

## 6章

# ときには不調でも、大丈夫！

# 7章

# 新しい夢をかなえるヒント

# 1章

# 嬉しいことだけ増える法則

# 1 昨日までの自分を責めない

日常生活のあらゆる場面で、運がいい人は、自分にとっての「プラス」を選び、運が悪い人は「マイナス」を選んでいる傾向にあります。

この事実を聞いて、「たしかに、今まで、自分がしたくないことを仕方なく選んでいたかもしれない」と気づいた人もいるでしょう。

ここで注意しておきたいのは、昨日までの自分を責めなくていい、ということです。

なぜなら、本心と向きあえないことにはちゃんと理由があり、その状況は自分次第で変えていけるからです。

気持ちをごまかしてしまう理由は、「心の状態」にあります。

人は誰でも、さまざまな感情をもっています。「なにがあっても、とくになにも感じない」という人はいません。

運がいい人は、あらゆる感情のなかでも喜怒哀楽の「喜び」「楽しさ」に代表されるような、プラスの感情を抱きやすい傾向にあります。心のなかが「幸せ」「楽しい」「好き」「ありがたい」といった感情であふれているのです。

一方で、運が悪い人は、喜怒哀楽の「怒り」「悲しさ」に代表されるような、マイナスの感情を抱きやすく、「イライラする」「つまらない」「嫌い」「つらい」といった感情が心のなかにうず巻いています。

つまり、もともとの自分の心の状態によって、どんな行動をとるかが変わってくるということです。

多くの人は、自分の心の状態について気にすることがありませんが、じつは、自分の運を大きく左右しているのです。

## 行動には、心の状態が影響している

2

## 「プラス感情」の居場所をつくる

人は嬉しさを感じたり幸せなできごとを体験したりすると、心のなかにプラス感情が増えていきます。

逆に、悲しさや誰かへの怒り、憎しみを感じたり、つらいできごとに遭遇したりすると、マイナス感情が増えていきます。

人間の感情というものは、一時的に生まれては消えていくものと思っている人が多いのですが、そうではありません。

感情は「エネルギー」となり、心にたまっていく性質があるのです。

ですから、日常生活でプラス感情をどれくらいためておくかが、行動を決めるカギとなります。

とはいえ、マイナス感情がすでにたまっている人にとって、プラス感情を増やすのは、そう簡単ではありません。

マイナス思考がクセになって、知らず知らずのうちに不運な状況を引き寄せることが多いからです。

そしてまたマイナス感情を抱く、という悪い循環が生まれるのです。


しかし、やれることはたくさんあります。

たとえば今、ツイていないと感じているなら、まず心のなかのマイナス感情を減らすことが大切です。

マイナス感情がたまっていると、プラス感情が入れません。

マイナス感情を捨てていくことで、プラス思考が可能になるのです。

## 捨てることからはじめてみる

# 3 悪い思いこみを捨てる

これまでツイていなかった人からすると、「誰でも運がいい人になれる」と聞いても、すぐには信じられないと思います。

しかし、いわゆる「運がいい人」が、いつもラッキーなことが起こったり、思いどおりに動けていたりするかというと、決してそんなことはありません。

ときにはイヤなできごとに遭遇したり、仕事で失敗したり、人間関係がうまくいかなかったりして落ちこむこともあります。

それでも、人生の流れが悪い方向へ傾かないのは、心の奥底ではプラスの発想をしているからです。

「今はイヤなことが起こっているけど、そのうち、きっといいことが起こる」と楽天的にとらえているのです。

逆に、運に恵まれない人は、「これまでも不幸だったし、これからも変わらないだろう」「人生ってこんなものだから……」と考えがちです。

いつまでも落ちこんで「どうせ自分は運が悪い」と心にマイナス感情をためこんでしまえば、次もイヤなことを引き寄せ、そのうち、本当に運が悪くなってしまいます。

心のもちようは、運の良し悪しに大きな影響を与えます。

つらいことがあっても、プラスに受けとめれば、次はラッキーなできごとが起きます。

まずは、「自分は運が悪い」という思いこみを捨てる勇気をもつことが大切です。

## 心のもちようが運の良し悪しを左右する

# 4 夢や希望をもつ

自分のやりたいことを実際にやると、心にプラス感情が増えていきます。

「夢や願望は、貧しき者たちにとってのパンのようなものである」

これは、フランスのことわざで、つらい日々でも夢や願望があれば生きがいを感じられる、という意味です。

経済格差が激しかった中世のフランスでは、一般市民の大半は貧しい生活をしていました。

毎日、食べ物にも困る状況で、唯一のぜいたくは、ときどきパンを食べることでした。パンを食べたときは、生きる喜びを感じたそうです。

食べるものが十分あっても、不満をもちながら生きている人が多いのは、どうしてでしょうか。

それは、自分の人生に対して「こうしたいな」「こういうふうに生きていきたいな」という夢や希望がないからともいえます。

夢や希望は、プラスのエネルギーのかたまりです。

それがない人は、日々生まれるマイナスのエネルギーに飲みこまれやすいのです。

運をよくしたいなら、夢や希望をもつことがとても大切です。

小さなことでもいいのです。

手帳やノートに、やりたいことやかなえたい夢を書いてみましょう。

それを見るだけで、心にはプラス感情が生まれます。

## プラスのエネルギーで毎日が楽しくなる

# 5 プラス感情はコツコツ増やす

心のなかのマイナス感情を意識的に減らし、プラス感情を増やすことが、心をいい状態にするコツです。

とはいえ、「マイナス感情を一気に捨てなければ」「プラス感情を早く増やさなければ」と焦る必要はありません。

大切なのは、少しずつ、コツコツやることです。

人間は、慣れないことを一気に進めようとすると、たいていの場合、挫折してしまいます。

たとえば、運動不足の人が突然フルマラソンに参加するのは、無茶というものです。

初心者がフルマラソンを完走するための練習期間は、半年から1年が目安といわれます。最初は「ウォーキングを1日30分」と目標を決めて、それがクリアできたら、次は「1日30分、ゆっくりランニングする」と、目標を少しずつ高くしていくことで、自分なりのペースをつかめます。

専門家は、ランニング時間を増やして疲れてしまった人へ、歩くことをすすめるそうです。

なぜなら、疲れたまま走りつづけると、ひざや腰を痛めて、その後の練習ができなくなる可能性があるからです。

心の状態をよくしていくのも、マラソンの練習と同じです。

「30分だけ、ポジティブなことを考える時間をつくろう」と、コツコツとつづけることが、心をいい状態に保ちます。

がんばりすぎて疲れたら、少し休んでも問題はありません。

## 一気に進めなくても大丈夫

## 6 心が喜ぶ「プラス行動」を意識する

心にプラス感情が増えてくると、「最近、毎日がなんとなく楽しい」という気持ちになって、嬉しいことが増えはじめます。

「よし、新しいことをやってみよう」という気持ちが生まれやすいので、プラスの行動をはじめやすいタイミングといえます。

感情にプラス感情とマイナス感情があるように、行動にもプラス行動とマイナス行動があります。

プラス行動とは、おこなうことで自分の心や体が喜び、心にプラスのエネルギーが増えるような行動です。

マイナス行動とは、その逆で、おこなうと自分の心や体に負担がかかり、心にマイナスのエネルギーを増やすことになります。

「わざわざマイナスの選択をする人なんていないでしょう？」と言う人がいますが、そんなことはありません。

多くの人は、「健康になりたい」と言いながら、タバコをすったり夜更かしをしたり、遅くまで残業して睡眠不足になったりしています。

「今年こそ結婚したい」と口では言っても、実際に出会いの場へ出かける人は少ないでしょう。

つまり、本当にやりたいこと、心が喜ぶことを実行するのは、誰にでも簡単にできることではないのです。

できることから意識して習慣化することで、心にはプラスのエネルギーがどんどん増え、プラスのできごとを呼び寄せます。

## 心や体が喜ぶとプラスのエネルギーが増える

# 7 自分の心の声にしたがう

「なにを食べるか」「なにを着るか」といった日常的な場面では、その選択がプラスになるかマイナスになるかは、すぐにわかります。

たとえマイナスを選んでしまっても、後からプラスに切り替えることも簡単にできます。

しかし、「どう生きるか」といった大きな決断の場面では、その判断が正解だったか間違いだったかがわかるまでに、時間がかかります。

そのため、自信のない人ほど、大きな決断を前にすると、先延ばしにしたり他人の意見に頼りすぎたりするものです。

昌子さん（仮名）は、これまでに人生の決断をするとき、自分の意志で決めたことがほとんどありません。

大学進学時は、両親がすすめる大学を選びました。就職時は、大学の先生にすすめられた会社を選びました。

しかし、入社して3年経った現在、「もっと真剣に自分の進路を考えておけばよかった」と後悔しています。

昌子さんのようなタイプの人は、意外に多いと思います。

自信がないため、大事な場面でマイナスを選んでしてしまうのです。

大切なのは、自分の心の声を聞いて、本当に正直な気持ちでプラスを選ぶことです。

勇気がいる場面もあるかもしれません。

しかし、自分の本心に正直になるほうが、後悔は少なく、自分らしく生きることができます。

## 自分で決めたことなら後悔が少ない

## 8 身近な「いいこと」を見つける

プラス感情を増やすために、簡単にはじめられる習慣があります。

それは、身近にある小さな「いいこと」を見つけて、書き出してみることです。

「いいこと」というと「恋人ができる」とか「仕事で成果を上げる」とか、大きなことを考えがちですが、小さくても、心が嬉しくなることはきっとあります。

そして、せっかくなら身近なところから幸せを見つけたほうが、心にはプラスのエネルギーが増え、幸せを感じる場面も増えていきます。

自分はツイていないという人も、毎日ラッキーなできごとは訪れています。

ただ、気づけるか、気づけないかの違いがあるだけです。

そして、身の回りの「いいこと」を見つけると、「自分は恵まれている」と気づき、心にはプラス感情が増えて、自分自身を好きになることにもつながっていくのです。

「朝、電車がいつもより空いていた」

「久しぶりに友達から食事に誘われた」

「コンビニで、大好きな曲が流れていた」

「憧れの人と話せた」

意識してみると、身近にいくつもあるのではないでしょうか。

面白いことに、ラッキーなことを探していると、それだけでも心は必ずワクワクします。

お休みの日の朝など、ゆっくり時間がとれるときに「今週はどんないいことがあっただろう」と思い出して、紙に書き出してみることをおすすめします。

## 意外と自分は幸せだったと気づく

## 9 ポジティブな気をもつ人と一緒にいる

「マイナス感情を捨てたい」と思っていても、ひとりでじっとしているだけでは難しいものです。

そんなときは、自分ひとりでなんとかしようとするのではなく、ポジティブな気をもつ人と交流してみましょう。

ポジティブな気をもつ人というのは「いつも笑顔でいる人」「楽しい話題を話してくれる人」「優しい言葉づかいをしている人」「行動力がある人」「精神的に強い人」などを指します。

また、これといった特徴がなくても、「一緒にいるだけで元気が出てくるなあ」と感じる相手や、「自分の心をさらけだしても安心できる」と思えるような相手も、ポジティブな気をもつ人といえます。

そういう人と一緒に過ごすと、相手のもつポジティブな気に影響されて、マイナス感情を打ち消すことができます。

春香さん（仮名）は、落ちこんだとき、自宅に親しい友達を数人呼んで、小さなパーティーをするそうです。

「なにげない時間ですが、大好きな人たちとおいしいものを食べておしゃべりするだけで、元気がもらえて、つらい気持ちが消えていきます」と言います。

人を招くために掃除をしたり料理をしたりするのも、いい気分転換です。

マイナス感情がたまっていると、行動する気力さえも失いがちですが、なにもしないでいると、余計にネガティブになるだけです。

心にプラスのエネルギーを増やすために、ポジティブな気をもつ人のパワーを分けてもらいましょう。

## 人と会うほうが、心は軽くなる

## 10 感動体験を増やす

「映画を見て感動したら、腐れ縁の相手と別れる決心がついた」

「本を読んで感動したことがきっかけで、転職する決心がついた」

「悩みごとがあったけど、旅行先で美しい景色を見て感動し、いい解決策が見つかった」

これらは、感動したことで心に大きなプラスのエネルギーが増えた例です。

心にプラスのエネルギーが増えると、「ダメかもしれないからやめておこう」「もう少し我慢しよう」といった弱気が減るため、前に進むことができます。

感動体験をすると、行動が加速するのです。

感動は、「感じて動く」という言葉からできています。

人は、心を揺さぶられることで、力がわいてくる生き物です。

ですから、日常生活で感動する場面が少ない人は、映画を見る、本を読む、行ったことのない場所へ旅するなど、いつもと違う習慣をおすすめします。

好きなアーティストのライブやクラシックコンサートなどに出かけるのもいいでしょう。

非日常的な場所へ行くと、感動体験が増えて、新しい考えが生まれやすいものです。

また、旅先で人に出会い、いろいろな価値観に触れて、こり固まっていた考え方に変化が生まれることもあります。

感動すると、心は喜びます。

そして、自分を喜ばせると、人生で幸せを感じる時間が増えていきます。

## 感動は心の栄養源

11

# 行動することで、幸せに一歩近づく

「生きるとは呼吸することではない。行動することだ」

これは、フランスの哲学者、ルソーの残した言葉です。

シンプルな言葉でありながら、行動することがいかに大切かを教えてくれています。

世の中には、幸せのヒントがたくさんあります。

本や雑誌はもちろんのこと、「幸せになる」ことをテーマにした講演会など、種類も豊富です。

それでも、なかなか幸せを感じられず、不安や悩みを心に抱えながら毎日を送っている人が減らないのには、理由があります。

「行動」が足りないのです。

宝くじに当たっても、実際に銀行で換金しなければ、1円も手に入りません。

人の「幸せ」も同じです。どんなに知識があっても、念入りに計画を立てても、実際に行動を起こさなければ、喜びも満足感も得られません。

「はじめればうまくいくだろう。でも、今は忙しくて時間がない」と言い訳をする人もいます。しかし、心がマイナスのエネルギーでいっぱいだった過去の自分ならともかく、プラスのエネルギーの増やし方を知った今の自分なら、問題をうまく解決して、スムーズに行動に移せるはずです。

先延ばしにするのはやめて、「やる」ほうを選ぶことが大切です。

すると、心のなかには「やりたいことを実行できた」という満足感や、「私でもやればできる」というプラスのエネルギーが増えていきます。

そして、人生を楽しめる時間が増えるのです。

## 行動を起こさなければ、幸せの花は咲かない

12

# 直感の力を借りる

大きな選択をする場面では、誰でも迷うものです。

「こっちを選んだとして、本当にプラスになるのだろうか？」

「後戻りはできない。失敗したらどうしよう？」

しかし、いつまでも迷っていては、前に進めません。

人生は、選択と行動のくりかえしです。「どっちにしようか？」と考えつづけているかぎり、今いる場所から動けないのです。

結論を出すまでに時間がかかったり、ストレスで胃が痛くなったりする人は、自分の直感をもっと信じるとよいでしょう。

人は大昔、野生動物や天災から身を守るために、直感ですばやく行動する能力がありました。現代人にもそのＤＮＡは存在しています。

直感を感じにくい人は、ひとりでいるとき、目を閉じて、深呼吸してから、自分の心に質問してみてください。

「こっちに進んでいいでしょうか？」

すると、心の奥のほうから答えが返ってくる場合があります。

はっきりとは聞こえなくても、「ＹＥＳ」なら温かい空気を感じたり、安心したような気持ちを感じたりするかもしれません。

行動には、リスクがつきものですが、なにもはじめないうちから、勝手に結果を想像するのはよくありません。

結果はすでに決まっているものではなく、はじめてから、自分自身でつくっていくものなのです。

もっと、自分の心に敏感になりましょう。

みずからＧＯサインを出した道こそが、自分にとってのプラスの選択です。

## 進む道が見えやすくなる

# 2章

# 今日を彩る言葉をチャージ！

13

# 「私って、運がいい」

心にプラス感情を増やすために、身につけたい習慣があります。

それは、日常生活でポジティブな言葉をつかうということです。

日本では、はるか昔から、言葉の一つひとつに「言霊《ことだま》」という魂が宿っていると信じられてきました。

たとえば、神社でおこなわれる重要なお祭りでは、不吉な言葉をつかわないように徹底して注意していたそうです。

現在でも、とくに冠婚葬祭の場面では、つかう言葉に気をつけるのが礼儀とされています。

「言霊」の考え方は、今でも十分に通用する、不変の法則です。

ためしに今、「私って、なんて運が悪いのだろう。ときどき生きるのがつらくなる」と口に出してみてください。

とたんに、イヤな気持ちになりませんか。きっと笑顔でいられなくなるのを感じるでしょう。

一方、「私って、運がいい。この先も楽しく生きられそう」と口に出してみたら、少し元気がわいてくると思います。

つまり、言葉が心と体に与える影響は、想像以上に大きいということです。

ふだんからポジティブな言葉をつかうほうが得策です。

「ありがとう」「楽しい」「嬉しい」「おいしい」「ツイている」「好き」「おめでとう」といった言葉を、意識してつかうのです。

心のなかにプラス感情が増えて、行動面にもいい影響があります。

## ポジティブな言葉を味方につける

14

# 「思い立ったが吉日」

「運がいい人になる」と本気で決意したら、さっそく行動をはじめましょう。

「思い立ったが吉日《きちじつ》」ということわざもあるように、「運をよくしたい」と思ったときこそ、人生の流れを変える最適なタイミングなのです。

「ほかにやることがたくさんあるから、今は難しい」と思っている人もいるかもしれません。

しかし、先延ばしをしても、いいことはなにもありません。

忙しく生きる現代人は、日々やるべきことがたくさんあり、ときにはマイナス感情が増えるようなことも起こります。仕事中、理不尽な目にあうことや、プライベートでも周りに振り回されることがあります。

このようなマイナスのできごとに触れていると、「自分も運がいい人になれる」

という気持ちが、どうしてもしぼんできてしまうのです。

とくに、傷つきやすい人や、これまでつらいできごとが多かった人は、いち早く行動することをおすすめします。

せっかく「運がいい人になる」と決意しても、いつしか「人生を変えたい」「新しい自分になりたい」という気持ちを忘れて、もとに戻る可能性が高まってしまうからです。

行動をはじめれば、必ず結果が出ます。

結果が出れば、次の行動へのやる気が芽生えます。

ですから、今すぐに行動をはじめましょう。

どんなに小さなことでも、できることからはじめればいいのです。

早く行動できた人から、「運がいい人」になるチャンスに恵まれます。

## すぐに行動をはじめる

# 15 「○○するって、決めた！」

やりたいことがあるのに実行に移せないという人に、おすすめの言葉がありま す。それは、「○○するって、決めた！」という言葉です。

たとえば「今年こそオーストラリア旅行に行きたい」と毎年言っては実現して いない人は、今日から「今年こそ、オーストラリア旅行に行くって決めた！」と 言うとよいでしょう。

すると、それを聞いた周囲の人たちが、「いつ行くの？」「どこに泊まるの？」 などと言い出します。

「知りあいが旅行代理店に勤めているから、紹介するよ」「スーツケースがない なら、貸してあげるよ」と言い出す人もいるかもしれません。

そうなると、もうあとにはひけません。「有給休暇はいつ取ろう？」「誰を誘おう?」などと、やるべきことが具体化しはじめます。

考えていることと決断のあいだには、大きなひらきがあります。

シンプルな方法ですが、「○○するって決めた!」と言いきることは、自分が本気で覚悟するのに、とても有効です。

また、「○○をはじめよう!」と口に出してみるのも、いい方法です。

たとえば「さあ、英会話スクールに入る準備をはじめよう!」と言ってみます。すると、頭のなかで「英会話の勉強をしたい」と思っていただけの状態と比べると、ずっとやる気がわいてきます。

なにかを考えているだけのとき、人がつかうのは脳だけです。

しかし、思いを口に出してみるときは、口も耳もつかいます。

そうやって、体のいろいろな部分をつかうことで、体に本気のスイッチが入り、行動に移すパワーがわいてくるのです。

## 言葉の力を借りて、プラスの選択をする

16

# 「今日はきっといいことがある」

かつてはテレビや映画で大活躍して、ファンもたくさんいた俳優さんが、現在では仕事が減り、プライベートでも不幸なできごとがつづいている、ということがあります。

反対に、デビュー当時はパッとしなかったのに、少しずつ世間に認められ、苦労の末、人気俳優の座を手にいれた人もいます。

どちらがよくて、どちらが悪いとはいえません。しかし、一見華やかな人生にも、いい時期と悪い時期があるのは事実です。

それに、誰の人生にも、俳優さんたちのように波瀾万丈《はらんばんじょう》ではないにしろ、いい時期があれば悪い時期もあります。

いい時期には、なにをやってもうまくいきます。

仕事は順調、人間関係も円満で、いいことがいっぱい起こる、まさに幸せの花を咲かせているといえます。

一方、悪い時期は、これまで成功していたことが急にうまくいかなくなったりします。

人間関係もギクシャクしたりして、なにをしても裏目に出てしまいます。

問題は、悪い時期になるとたいていの人は「もうダメだ」「私って、ツイていない」と言いがちだということです。

マイナスの言葉をつぶやいたところで、状況は変わらないのに、ストレスに負けて口走ってしまうのです。

でも、悪いときこそ、プラスの言葉の力を借りてほしいのです。

「昨日は悪い日だったけど、今日はきっといいことがある」と自分に言い聞かせるだけでも、心はポジティブな方向に切り替わります。

## 人生には波がある

# 17 「ありがとう」

フリーランスでイラストレーターをしている貴子さん（仮名）は、仕事の依頼がつづかないことに不安を感じていました。

貴子さんは、定期的な仕事を得るために、熱心に売りこみもしています。

出会った人に「イラストレーターを探している方が知りあいにいたら、紹介してください」とお願いしたり、友達に「今度、私がイラストを担当した雑誌が発売されるから、ぜひ買ってね」と頼んだりしています。

人と会うたびに「○○してください」とお願いをして、チャンスをつかもうとしていたのです。

しかし、それでも貴子さんに運がめぐってきません。

人にお願いする一方で、自分がなにかを頼まれたときは、必ずといっていいほど断っていたからです。

友達から「貴子さん、私の知りあいにイラストレーター志望の学生がいるんだけど、よかったら今度、彼女のためにアドバイスしてくれない？」とお願いされても、「悪いけど、自分の仕事のメリットにならないことは引き受けないことにしているの」と断ってしまうのです。

これでは、いつまでたってもチャンスに恵まれません。

自分のお願いを聞いてもらいたかったら、相手から頼まれたことはできるだけ応じるよう努めなくてはいけないのです。


人を喜ばせることとは、プラスの選択です。

「ありがとう」と言われれば、心にプラスのエネルギーが増えます。

頼まれごとに応じることで、自然と運も好転するのです。

## 人のお願いを笑顔で引き受ける

18

# 「来年の今頃はきっと忘れている」

「どうとでもなれ。どんな嵐の日でも、時間は経つ」

これは、イギリスを代表する劇作家、シェイクスピアの戯曲『マクベス』に登場するせりふです。大変な状況でも、「どうとでもなれ」とひらき直っていれば、いずれ嵐は過ぎ去っていく、という意味です。

どんな人でも悩みがあり、少しはマイナス感情を抱えているものです。

悩みがまったくない人なんて、ほとんどいないと思います。

そんな人に伝えたいのは、「悩みは永遠にはつづかない」ということです。

「第一志望の会社に落ちたので、泣く泣く、第二志望の会社へ入社した」

「好きな人に告白しようとしたら、ほかの人とつきあっているとわかった」

「自分の手柄を上司に横取りされた」

このように過去、何日も泣きつづけるほど悲しかったことや、我慢できないほど腹が立ったこと、つらかったことは、誰にでもあるものです。

しかし、人間は忘れっぽい生き物です。

その証拠に、5年前の悩み、3年前の悩みを思い出すと、当時はあんなにつらかったのに、今思うとたいしたことがなかった、と感じたりします。

10年前のできことが原因で、いまだに落ちこんでいるという人は、あまりいないのです。

ひどく落ちこんでいる最中は、悩みが永遠につづくと錯覚しますが、たいていは、1年もすれば自然と記憶が薄れるものです。

つらいときも「再来年の今頃はきっと忘れている」と考えて、気楽に過ごしましょう。

## 記憶は薄れて、いつか忘れる

# 19 「私、もうグチは言わないって決めたから」

世の中には、ポジティブな言葉だけでなく、ネガティブな言葉もたくさん存在します。

たとえば「無理」「ムダ」「むかつく」「ダメ」「嫌い」「疲れた」「面倒くさい」「運が悪い」「ツイていない」「できない」「悲しい」「つらい」「まずい」「バカ」「憎い」「腹が立つ」「つまらない」などが当てはまります。

時代の移りかわりとともに、乱暴な言葉をつかう人は減ってきた印象ですが、「疲れた」「面倒くさい」「つまらない」といったグチや不満が習慣になっている人が多いようにも思います。

日頃からこのようなネガティブな言葉ばかりをつかっていると、心のなかにもマイナス感情がたまってしまうので注意がいります。

ネガティブな言葉があふれている現代社会で、実践するのは想像以上に難しいことですが、できる範囲で気をつけてみてください。

美香さん（仮名）は、イヤなことがあったら、友達に電話をしてグチを言うクセがありました。しかし、言っても気持ちが晴れないことに気づいて、そのクセをあらためるようにしたら、日常生活で不満に感じることが減ったそうです。

それは、ネガティブな言葉を言ったり聞いたりすることが減り、心のなかのマイナス感情が減ったからです。

話し方のクセを直すのは、ひとりでは大変かもしれません。

そんなときは、周りに、「私、もうグチは言わないって決めたから、もし言っていたら注意して」と言ってしまうのも一案です。

## ネガティブな言葉は少しずつ減らす工夫を

# 20 「今の言葉は取り消します」

日常的にポジティブな言葉をつかい、ネガティブな言葉を減らすことが大切です。

とはいえ、いきなりポジティブな言葉をつかうのは、少し時間がかかることも知っておいてほしいと思います。

とくに、これまでネガティブな言葉ばかりつかっていた人は、マイナス思考が染みついています。

そのため、相当意識しないと、ポジティブな言葉が口から出てこないというケースもあります。

大げさなたとえかもしれませんが、右利きの人が左利きに変えることと同じくらい根気がいる、と考えてもいいかもしれません。

そこで、「ほどほどにがんばる」くらいの気楽な気持ちで取り組むことをおすすめします。

ついネガティブな言葉を口に出してしまったときの対処法を紹介します。

それは、ネガティブな言葉を言ったら、すぐに「今の言葉は取り消します」と自分に宣言するということです。

するど、言葉のパワーが、プラスマイナスゼロの状態になります。

次に、ポジティブな言葉に言い換えます。

このように、すぐに切り替えれば、口に出したネガティブな言葉のエネルギーは消えます。

ネガティブな言葉を打ち消すだけでなく、ポジティブな言い方を訓練するのに最適なので、この方法を身につけるとよいでしょう。

## ポジティブな言葉のパワーで打ち消す

21

# ときには「NO」

日本人は「NO」と言えない傾向が強いようです。

ある外国人に聞いた話です。留学前に「日本人とのつきあい方」という映像を見る機会があり、「とくに注意すべきこと」のひとつとして「日本人は、YESと言っても本音ではNOのことがある」と説明されたといいます。

たとえば、日本人の友人に「今度、家に遊びに行ってもいいですか？」と聞いたとき、「いいですよ」と返事したとしても、本音では「NO」の場合がある、というのです。

「じつは、来てほしくない」「遊ぶなら、家以外がいい」と思っている可能性もあるので、あまり本気に受け取らないほうがいい、と丁寧に解説されたそうです。

たしかに、日本人の多くは「断ったら悪い」と考えがちです。

しかし、時と場合によって、断りたいときは正直に「ＮＯ」と言うことをおすすめします。

というのも、たとえば仕事を頼まれたとき、やりたくもないことを本心に反して引き受けることは、マイナスの選択と言えるからです。

「いいですよ」と言ったあとに「断っておけばよかった」「自分には向いていないとうすうす気づいていた」と後悔しても遅いのです。

そういう思いで引き受けても、モチベーションがわかず、相手の期待に応えてあげられない可能性もあるのです。

「ＮＯ」はネガティブな言葉に分類されますが、必要ならつかったほうがいい場合もあるのです。

## 無理に引き受けないほうがお互いのためになる

22

# 「別の日にしませんか」

「時と場合によって、断りたいときは、正直にNOと言う」とおすすめしましたが、実際に「NO」と言おうとすると、気がひけるものです。

「せっかく食事に誘ってくれたのに、断るのは申し訳ない」という罪悪感や、「もし断って、相手に嫌われたらどうしよう」という不安が入り交ざって、複雑な気持ちになるのも当然です。

自分が誰かに頼む立場になったときのことを想像してみると、「できません」と断られたら、あまりいい気分がしないのも事実です。

それでも、どうしても断りたいときは、きちんと「NO」という意思表示をしたほうがいいのです。

そこで身につけてほしいのが、ポジティブな言葉をつかう断り方です。

たとえば、世話になっている人に、あるイベントに誘われたとします。内容を聞いても興味がわかず、乗り気になれません。

こういう場合は、

「ごめんなさい。あいにく、あまり興味がないんです。そのイベントには行けないけど、別の日に、食事でもご一緒しませんか？」

と、断りつつも別の提案を示して、相手の期待を裏切らないようにするといいでしょう。

これが断り上手の秘訣です。

言葉の表現をポジティブに変えるだけで、断るハードルがグンと下がるのです。

角が立たない断り方を身につけると、会話でイヤな思いをして心にマイナス感情が増えることを防げます。

## 相手の期待を裏切らず、断るストレスを減らす

# 3章

# 一日じゅう、ご機嫌がつづく

## 23 好きなことに熱中する時間をつくる

好きなことをすると、心にはプラス感情が増えます。

静香さん（仮名）は、趣味で水泳をはじめたところ、イヤなことがあっても落ちこむ時間が減りました。

これは、好きなことをするたびに心にプラス感情が増えて、マイナス感情を追い出すからです。習慣化すると、運はどんどんよくなります。

ただし、注意点もあります。自分の好きなことであっても、心を苦しめる場合もあるということです。

ある女性はタレントの追っかけにはまり、「追っかけって楽しいよ」と口では言っていましたが、ワクワクするのは最初だけで、家に帰るとぐったりと疲れていました。

仲間にあわせてお金をつかいすぎることも多く、本当は「追っかけを休みたい」と思っていたのに、「これまでつかったお金と時間のもとを取りたい」という思いから、やめられないのです。

このように、人は自分の本心を、無意識のうちにごまかすことがあります。

本物の好きなこととそうでないことを見分ける方法は、それをやっている瞬間だけでなく、終わった後も「楽しかった」と思えるかどうかです。


また、自分の表情もポイントです。

口では「それが好き」と言いながら、終わった後はぐったりと疲れていたり、鏡に映った自分が疲れた顔になっていたりするのなら、自分が本当にやりたいことではないのだと考えましょう。

## 疲れないことに打ち込む

# 24 成功者の話を聞く

「この無常の世界は、すべてが空虚《くうきょ》で偽《いつわ》りに満ちている」

これは、日本の仏教の宗派のひとつである浄土真宗の開祖、親鸞《しんらん》が残した言葉です。

「空虚で偽り」とは、根拠のないうわさのことです。うわさ話は空っぽでウソのものが多いので、惑わされてはいけない、と親鸞は伝えています。

たとえば、「今の会社から独立して、フリーランスとして働きたい」と希望していたとします。

そんなときに、雑誌で「独立後に借金を背負った人」の体験談を読んだり、テレビで「仕事がなくて困っているフリーランス」の特集を見たりしたら、心のなかにマイナス感情が増えてしまいます。「やっぱり独立は無理」「フリーランスって、想像以上に厳しい」などと考えて、意欲が薄れてしまうかもしれません。

では、どうすればいいかというと、マイナスの情報だけでなく、それ以上にプラスの情報を取りいれるのです。

「恵まれない状況で独立したけど成功した人」の本や「フリーランスで仕事が順調な人」の特集をしている雑誌を読んだりするのもいい方法です。

交流会に参加して、成功した人の体験談を直接聞いて元気をもらうのもいいでしょう。

ある男性は、つらいことがあると、「失敗を乗り越えてビジネスで成功した人」の講演会の音声を聞いて、気持ちを立て直すそうです。

心をプラスにするには、プラスの情報を積極的に取りいれることが大切です。

## 成功例を知ると意欲がわく

## 25 プラス思考のクセをつける

運をよくするには、心のなかにたまったマイナス感情を減らし、プラス感情を増やしていくことが大事です。

その仕組みを理解したら、次は、心にプラス感情が自然と増えていくような考え方を身につけましょう。

人は、朝起きてから寝るまで、さまざまな場面に遭遇し、そのたびに「嬉しい」「楽しい」「悲しい」「悔しい」といった感情を抱き、心のなかのエネルギーの状態を変化させています。

朝、嬉しいことがあって心はプラスに傾いていた。ところが昼、上司に叱られ、午後はマイナス感情でいっぱいになった。このように、一日のなかでも心の状態は大きく動きます。

それでも、できるだけプラス感情をもって「つねに心がプラス感情で満たされている」状態を保てるようになると、自然とプラスの行動を選べるようになっていきます。

そして、プラスの行動を選ぶことが習慣になると、その人の日常には嬉しいことがどんどん起こるのです。

そんな状態に近づくには、「プラスに考えるクセ」を身につけることが大切です。

もともと悲観的な人にとっては難しいことに見えるかもしれません。

それは「この年齢までこうだったんだから、今から変われない」という思いこみにとらわれているからです。

人は、何歳からでも変われます。

そして、考え方を変えれば、心の状態が変わり、行動も変わってくるのです。

## 人は何歳からでも変われる

## 26 いいこと探しをはじめる

「人間は起こることよりも、起こることに対する見解によって、ひどく傷ついてしまう」

これは、ルネサンス期に活躍したフランスの哲学者、モンテーニュが著書『エセー』で述べた言葉です。

日常生活では、思いどおりにならないことがたくさん起こります。どのようなできごとでも、受けとめ方によって傷つくこともあれば、嬉しくなることもあります。

もちろん、いいことが起こればポジティブな気分になるので、プラスに受けとめるのは簡単です。しかし本当に大切なのは、悪いことが起きたときにも流されず、プラスに受けとめることです。

たとえば、休日に車で出かけたところ、途中で道路上に大きな石が落ちて通行止めとなり、予定をキャンセルせざるを得なかったとします。

こういうとき、「せっかく楽しみにしていたのに、ツイていないなあ」と感じる人は多いでしょう。

そこで気分を一新するために、プラス面を探すのです。

「タイミングが悪かったら、あの石が自分の車に落ちてきたかもしれない。私は運がいい」と考えて、できごとをプラスの意味にとらえることができます。

「ツイてない」というマイナス感情を放っておくと、次に悪いことが起きたときにも、マイナス面にとらわれてしまいます。

そうならないために、いいこと探しをはじめることです。

見方を少し変えることで、どんなことでも、いい面が見つかるものです。

## どんなできごとにもプラス面はある

## 27 自分をほめる習慣をつける

自信をもつために、ぜひ習慣にしてほしいことがあります。

それは、自分をほめることです。

たとえば新しいバッグを持って職場に行ったとします。親しい同僚から「そのバッグ、すてき」とほめられたら、「嬉しい」というプラス感情がわいてくるはずです。

一方、なにも声をかけられなかったり「そのバッグ、あなたのイメージにあっていない気がする」と嫌みを言われたりすると、「イヤな感じだな」「そんなに似合わないかなあ……」とマイナス感情がわくと思います。

人は誰でも「誰かに認められたい」「ほめられたい」という欲求を抱いているはずです。

しかし、他人に都合よくほめられることなど、そう多くはありません。期待しても、そのとおりにならなければ、むなしい気持ちになるだけです。

だからこそ、言われたら嬉しい言葉を、自分自身にかけてあげるのです。

仕事でほめられたかったら、

「いつもがんばっているね。疲れている日も残業を引き受けて、えらいね」

「最近、仕事を早く片づけられるようになったね」

と自分をほめてください。

失敗したときは、

「今回は残念だったけど、自分なら、次はうまくいくから大丈夫」

と元気づけてあげましょう。

そのようにどんどん自分をほめて、心をプラスの状態にしていくことが大切です。

## ほめ言葉で自信がつく

## 28 丁寧な言葉をつかう

運をよくするには、ポジティブな言葉をつかうと同時に、丁寧な言葉づかいを意識することが大切です。

たとえば、食事中に「これ、超うまいよね」と言うのと、「とてもおいしいね」と言うのでは、ずいぶん印象が変わります。

親しい間柄なら「超うまいよね」でもかまわないと思います。しかし、ふだんからくだけた言葉をつかっていると、クセになって、重要な場面でもうっかり口にしてしまうことがあります。

たとえば、上司から「取引先を紹介するよ」と誘われたとします。

三者が集まった食事の場で、「超うまいよね」と言ってしまったら、上司と取引先はどう思うでしょうか？

表面上はなにも言わなくても、心のなかでは「この人は言葉づかいが汚いな」「もしかしたら口が悪い人かも?」と思われてしまう可能性が高いです。

そんな失敗を防ぐには、ふだんからきれいな言葉をつかうように心がけることが大切です。

きれいな言葉といえば「敬語」を思い浮かべる人が多いと思います。

たしかに、敬語を上手につかえるに越したことはないですが、そこまで完璧でなくてもいいのです。できる範囲で十分です。

きれいな言葉をつかっていると、人として成長できた気がして、嬉しくなり、自信もわいてきます。

そして、丁寧な言葉づかいにふさわしい立派な人間になろうと自然と努力するようになるのです。もちろん、周りへの印象もよくなります。

きれいな言葉をつかっていると、心にプラスのエネルギーを増やせます。

## どんな場面でもいい印象を与える

29

# 身の回りを整理する

高級ホテルはどこも清潔で、きれいに整理されています。

そこにいるだけで、いい気分にさせられます。

つまり、環境は、人の心に影響を与えやすいということです。

そういう意味で、自分の部屋や、職場の机まわりを整理することは、心にプラスのエネルギーを増やす効果があります。

もし、自分の部屋がいつも散らかっていて、不用品がたくさんあるなら、片づけの習慣をつけるといいと思います。

散らかった部屋は、どこになにがあるかわからないので、いざというときに必要なものが見つかりません。遊びに行きたいという友人がいても、恥ずかしくて呼べません。

いらないものを処分して、身の回りをスッキリと整えることで、モヤモヤした心のなかを整理できます。

美術館やよく手入れされた庭など、整然として美しいものは、人の心を落ち着かせます。

高級ホテルのカフェが人気なのは、利用者が「高いコーヒー代を払ってでも、その場にいると自分の感情がプラスになる」と無意識のうちに感じているからでしょう。

環境が人の心に与える影響は、自分が思っているよりずっと大きいのです。

部屋をきれいにすると気持ちがいいので、心にもプラスのエネルギーがたまります。

掃除が苦手なら、清掃をほかの人に依頼するのも一案です。

## 心にプラスのエネルギーが生まれる

# 30 マイナス思考と決別する

「極楽を願わんより、地獄をつくるな」ということわざがあります。

これは「死んで極楽へ行きたいと願うよりも、地獄へ落ちる原因を自分でつくらないほうがよい」という意味です。

「幸せを願うよりも、むしろ不幸になる原因をつくらないようにしよう」とも解釈できます。

そして、このことわざが本当に伝えたいのは、「多くの人は幸せな人生を送りたがっているのに、現実は逆で、不幸になる原因ばかり考えている」ということではないでしょうか。

たいていの人は「夢をかなえて楽しい人生を送りたい」「すてきな人と結婚したい」などと、幸せを願っているものです。

その一方で「簡単に夢がかなうほど、世の中は甘くない」と、強いマイナスの思いも抱えています。

そのため、心の状態がプラスにならず、いつまでも運がめぐってこないのです。

たとえば、「おいしいパンを焼こう」と思い立ったとします。高級な小麦粉をつかってパン生地をこねましたが、オーブンが故障していたせいで焼き上げることはできませんでした。

ここでいうオーブンを、心の状態と考えてみましょう。

すると、心の状態が整っていなければ、状況はよくならない、ということになります。

だとしたら、まずやらなくてはいけないのは、マイナスの思いを捨てることです。

そのためには、マイナス思考をやめる心がけが必要なのです。

## 幸せを願うなら、心をプラスにしておく

## 31 少しだけ苦手なことに挑戦する

「人前に出ると緊張するのに、パーティーで司会を頼まれた」

「料理があまり得意ではないのに、毎日お弁当をつくることになった」

「文章を書くのは苦手なのに、報告書の作成を担当することになった」

このように、苦手意識があると「本当に自分はできるのだろうか？」と不安でいっぱいになるものです。

「毎日するのは無理」「引き受けて失敗したら取り返しがつかない」などと、「できない理由」ばかりを考えてしまいます。

しかし、どうしても避けられないなら、逃げても状況は変わりません。

それどころか、日増しにマイナス感情が増えて「どうしてもできない」というプレッシャーで追いつめられるばかりです。

そんなときは、あえて真正面から向きあってみましょう。

苦手意識が強いことでも、「克服しよう」と決意して、思いきって挑戦してみると、「達成感」や「満足感」が得られ、心にプラスのエネルギーを増やすことになります。

すると、少しずつできるようになってくるものなのです。

パーティーの司会をやったことで、人前へ出るのが怖くなくなった。

毎日お弁当をつくるうちに、料理が楽しくなってきた。

報告書を書くために勉強をしたら、「文章が上手だ」とほめられた。

そういったことも起きるかもしれません。

ただし、絶対にできないと思うことは、無理せずに断ってもいいと思います。

## 達成感や満足感を得て、人として成長する

## 32 小さな親切をする

鍋や包丁が古くなったので、デパートで軽い気持ちで商品をながめていたら、店員さんが新商品のおすすめポイントをとても親切に教えてくれたため、早々に購入を決めてしまった。

このような経験は誰にでもあると思います。

相手に親切にされたりなにかを与えてもらったりすると、同じように返したくなる、という心理を「好意の返報性《へんぽうせい》」といいます。

人づきあいにおいても、好意の返報性を活用すれば、いい関係が築けるようになります。

小さなことでもいいので、積極的に、他人に親切にするのです。

・職場で忙しそうな人がいたら、手伝ってあげる。
・友人が読みたがっている本を、進んで貸してあげる。
・友人の引っ越しを手伝ってあげる。

考えれば、できることはいろいろあります。

親切にしてもらった相手は「ありがとう」と感謝してくれるはずです。そして、「この恩をどこかで返そう」という気になって、めぐりめぐって自分に「いいこと」が返ってくる可能性が高くなります。

最初から恩をあてにしてはいけませんが、親切にすると自分も気持ちがよくなります。

人に喜ばれる行為とは、プラスの選択そのものです。また、おこなうことで自分と相手の心にプラス感情が生まれるのです。

## あとで「いいこと」が返ってくる

# 33 たくさんあるものを配ってあげる

いい人間関係を築く方法のひとつは、自分がもっているものを他人に分けてあげることです。

たとえば、親戚からおいしい野菜と果物をたくさんもらったとします。職場の人や友達、近所の人に配ってあげると、みんなから喜ばれますし、自分も「配ってよかった」と嬉しくなります。

そして、親戚の人にとっても「多すぎて腐らせそうで困った」と聞かされるより、「知りあいに配って、みんなでおいしくいただきました」と報告されたほうが、ずっと嬉しいはずです。

このように、たくさんあるものをひとりじめするのではなく、周りに分けてあげると、みんなが幸せな気持ちになれるのです。

「自分にあるものを惜しまず他人に分ける」という行為を、日頃からおこなっている人は、たいていの場合、運がいい人です。

たとえば、事業で成功した人が、財産の一部を寄付したり、公共施設をつくる資金を提供したりすることがあります。

彼らは、財産を多くの人に分けることで、社会に貢献するだけでなく、本当の意味で自分を幸せにできると知っています。

もし、社長が成功した後に財産をひとりじめしていたら、きっと社員たちのあいだで「あの人はお金持ちなのにケチ」「自分だけの力で成功したと勘違いしている」といった悪評が広がり、数年もすると会社が傾いてしまうかもしれません。

どんな人でも、他人に分け与えられるものがあるはずです。

豪華なものである必要はありません。

「周りの人に喜んでもらいたい」という気持ちが大切なのです。

## 周りの人も自分も、幸せな気持ちになれる

34

# 相手の話を聞いて、共感してあげる

「人には、口がひとつなのに、耳がふたつあるのはなぜだろうか。それは、自分が話す倍だけ、他人の話を聞かなければならないからだ」という、ユダヤのことわざがあります。

たいていの人は、他人の話を聞くより、自分の話をすることを好みます。周りが迷惑していなければそれでもいいのですが、相手が話しているときはしっかり聞いてあげる人のほうが、人間関係もうまくいくと思います。

珠代さん（仮名）は、食品メーカーの営業を担当しています。もともと話が上手で、「自分が商品のよさを語れば、相手はきっとわかってくれる」という自信もありました。

しかし、取引先へ売りこみに行っても、あまり商品の話は聞いてもらえず、営業成績もなかなか伸びません。

そこで彼女は、自分の話はそこそこにして、取引先の担当者の話を聞くことに集中しました。すると、「あなたの会社の商品をお店に置きたい」と言ってくれる人がグンと増えたのです。

彼女は、取引先の担当者の悩みに真剣に耳を傾けました。「最近、売上が落ちてきて困っている」と相手が話せば、「そうですか、大変ですね」と共感して、どんなことで悩んでいるかを聞いてあげました。

そういう関係をつづけるうちに、担当者は「この人は、私の話をきちんと聞いてくれるから、信頼できる」と思い、「商品を取り扱おう」という気持ちになったのです。

相手といい関係を築くには、「話し上手」よりも「聞き上手」を目指したほうが賢明です。

## 聞き上手でいい人間関係になる

# 4章

# もっと自分を好きになる

# 35 自分自身への評価を見直す

「自分のことが好きになれない」という人、「私にはなんの取り柄もない」と落ちこんでいる人、「ちょっとしたことですぐに傷ついてしまう」と自分を責めている人などは、心理学でいう「自己肯定感」が低い傾向にあります。

自己肯定感とは、「このままの自分でも大丈夫」と自分自身を評価する気持ちのことです。

自己肯定感の高い人と低い人、どちらのほうがプラスの選択をできるかというと、言うまでもなく、自己肯定感の高い人です。

自己肯定感の高い人は、基本的に自信があるので、プラス感情が安定的に増えていきます。

そのため、イヤなことがあっても、マイナスの状況に立たされても、自分なりに乗り越えていけます。

しかし、自己肯定感の低い人は、自信がないので、心の状態がいつも不安定でネガティブ寄りです。人一倍努力していても、なかなかうまくいきません。心のなかのマイナス感情に影響されて、無意識にマイナスを選ぶことが習慣になっているからです。

そんな状態から抜け出すには、自信をもてるように、気持ちの部分を変えていく必要があります。

「もう20年以上、自分を好きになれなかったのに、今から自信をもつことなんてできない」と言う人がいますが、そんなことはありません。

何歳からでも、自分自身への評価は変えられます。

自己肯定感を高め、心にプラス感情を増やすことで、幸せに近づいていけるのです。

## 自信をもつことで運は好転する

# 36 自分の短所を長所に変える

「自分の性格が嫌い」と悩んでいる人がいます。特徴は、自分の短所ばかりに注目していることです。

そういう人にぜひためしてほしいのが、自分自身について「リフレーミング」してみる、ということです。

リフレーミングとは、「それまでの見方を変えて、新しい価値を見出す」という意味の心理学用語です。

たとえば「小さなことが気になって、イライラすることが多い」という点は、見方を変えれば、「繊細で、細かいところまでよく気づく」ととらえることができます。

また、「飽きっぽくて、なにをやっても長つづきしない」という点は、「好奇心旺盛で、いろいろなことに興味をもてる」というとらえ方もできます。

リフレーミングをつかうと、今まで短所だと思っていた点が、じつは長所にもなることに気づきます。

自分の短所を嫌うと、同時に長所まで嫌うことになるので、ますます自信がもてなくなります。

リフレーミングがうまくいかない人は、優しい友人に「私のいいところを教えて」と聞いてみるのもいいでしょう。

少々こじつけでもかまいません。

プラスの意味づけをしながら、短所も受けいれ、自分の性格を好きになっていくことが大切です。

## プラスにとらえてみると、短所は長所に変わる

# 37 あいまいな言葉を減らす

周りに気をつかいすぎる人や、批判されることを必要以上に恐れている人は、言いたいことを我慢してしまう傾向があります。

「自分の意見を言いたいのに、違う意見の人がいたら、その人の気分を悪くするかもしれないから、控えめに話してしまう」

「これを言ったら『性格が悪い人』と思われるかもしれないから、本音で話せない」

こういうタイプの人に共通するのが、あいまいな言葉をつかうことが多い、ということです。

たとえば、会議中に「A案とB案、どちらがいいと思いますか?」と聞かれたとします。こういうときに「どちらでもいいです」「ほかの人で適当に決めてくれてかまいません」という言い方をしたら、周りはどう思うでしょうか？

残念ながら、「謙虚な人」「気づかいができる人」とは思われないでしょう。

それどころか「自分の意見がない人」「他人に任せっぱなしで責任感がない人」とネガティブなイメージをもたれてしまうかもしれません。

なぜなら、会議の場では、正しいか間違っているかは別として、その人なりに真剣に考えた意見が求められているからです。

それに、自分の本音を伝えずに、人の意見を我慢して受けいれることは、マイナスの選択といえます。

心の状態をプラスにするには、相手に対して礼儀をわきまえつつも、自分の意見を口に出すことが大切です。

あいまいな言葉を減らし、本音を見せたほうが、時と場合によっては、うまくいくこともあるのです。

## 自分の意見をハッキリと口に出す

## 38 自分の心と向きあう時間をもつ

日々やるべきことに追われていると、自分の本心を見失ってしまうことがあります。

そういう人の特徴は、「なにかやりたいことはありますか?」と聞かれても、「思いきり寝たい」「部屋を片づけてすっきりしたい」など、マイナスの状況をゼロに戻したい、といった夢しか浮かばない、ということです。

以前、睡眠時間がほとんどとれない、忙しい職場で働いていた人が、「死んだら思いきり眠れる」という遺書を残していたことがありました。

人は、自分の心をおさえつづけてマイナスのエネルギーでいっぱいになると、正常な判断ができなくなってしまうのです。

そんな状態に陥らないように、どんなに忙しくても、定期的に自分の心と向きあう時間をもつことが大切です。

できれば毎日、短時間でいいので、電車内や布団に入る前などに、「自分の心は今、どんな状態か。なにを求めて、どこに向かいたいと感じているのか」を考えてみるとよいのです。

そして、週に1回くらいは、ひとりになれる静かな場所で、ゆっくりとその週のできごとをふりかえりながら、自分の心を点検する時間をもつことです。

そうやって自分の心の状態を知ることで、次の目標が立てることができ、間違った方向に進むこともなくなります。

この習慣を取りいれると、感情に振り回されて時間を無駄にすることがなくなります。

## 本当にやりたいことを知る

39

# 悩みごとの「期限」を決める

「考えたって、どうしようもない」と思いつつも、悩みごとが頭から離れないことがあると思います。

悩みごとは、マイナスの思いの集合体です。

考えすぎるとイヤな記憶を思い出し、心のなかに余計なマイナス感情を増やしてしまいます。

こういう場合は、悩んでもいい「期限」を決めることをおすすめします。

たとえば「今月いっぱいは悩んでもいい」と設定します。期限がきたら、なにも進展がなかったとしても、悩むのを終わりにするのです。

製薬会社で働く陽子さん（仮名）は、将来のことで両親ともめていました。

彼女は大学卒業後、今の会社で研究員をしていたのですが、30歳になった頃から「大学院に進学したい」という思いを抱くようになりました。

しかし、両親は「それよりも早く結婚しなさい」と大反対です。

陽子さんとしては、両親に賛成してもらったうえで大学院に進みたいのですが、折りあいがつきそうにないので、「年内に両親を説得できなかったら、自分で進学の準備をしよう」と決めました。

結局、両親は「いいよ」と言ってくれませんでした。

そこで陽子さんは「悩むだけ悩んでスッキリした。大学院には自分のお金で通おう」と、自分のやりたい道を選びました。

今、自分の選択に、大いに満足しているそうです。

心のなかのマイナス感情を減らすためにも、時間を区切って悩みましょう。期限がくれば、気持ちがすっきりします。

## 「ここまで」と区切ると、いい結論が出せる

## 40 完璧を求めない

マイナス感情を捨てられない人は、「物事に対していつも完璧を求めがち」という傾向があります。

雑貨屋で働く由里子さん（仮名）は、「インテリアコーディネーターの資格を取って、将来に生かしたい」と願って、独学で勉強をしています。

資格を取るための勉強を、働きながら進めるのは意外と難しいものです。由里子さんも例にもれず、苦心していました。

「1日3ページ分の問題を解く」と目標を立てても、どうしても達成できない日がありました。

また、残業を命じられた日はクタクタに疲れてしまって、勉強できないときもありました。

こういうとき、「決めた目標のとおりに進めたい」という思いが強すぎると、「私にはインテリアコーディネーターになる才能がない」と必要以上に落ちこんだり、「このまま進みが遅いと、試験に間にあわないかもしれない」と不安になったりするのです。

しかし、考えてみれば、まったく新しい分野の勉強をはじめた人が、いきなりスラスラと問題が解けるわけがありません。疲れて勉強すらできないときもあって当然です。あれこれと間違いをくりかえしながら、少しずつ理解ができるようになるのが本来の姿です。

ですから、心をプラスにするには、「ほどほどにできれば成功」と自分を認めるほうがいいといえます。

「勉強できないときもあったけど、今日の問題は正解できた」「間違えた問題をやり直したら、理解できた」などと考えると、マイナス感情は消えていきます。

## ほどほどにできれば成功

41

# 他人の評価を気にしない

自分自身をほめることと同じくらい大切なのが、他人の評価を気にしないようにすることです。

「認められたい」「ほめられたい」という欲求を、心理学では「承認欲求」といいます。自分自身をほめることは、承認欲求をうまく満たします。

しかし、なかには「周りに認めてもらえないと、自分に価値はない」と考える人もいます。

こういうとき、自信がないのはもちろんですが、承認欲求が強すぎてマイナスの選択をすることがあるので、注意がいります。

製薬会社に勤めるありささん（仮名）は、一生懸命働いても、いまいち自信がもてずにいました。

同僚がほめられているのを見ると、「私は上司から評価されていないのではないか?」という不安にかられます。

そして、上司から評価されようとして、頼まれてもいないのに残業をしたり、他人の仕事を手伝ったりしましたが、評価はそれほど上がりませんでした。

次第に「自分はこの仕事に向いていないのでは」とネガティブに考えるようになり、落ちこんで「仕事を辞めたい」と思うほどになったといいます。

このように、他人の評価を期待すると、精神的にバランスを崩してしまうことがあります。

より良く生きるためには、他人の評価を気にしないことが大切です。

それよりも大事なのは、自分自身が納得できる自分になることです。

## 自分が納得することが大切

# 42 執着を手放す

考えてもどうにもならないときや、思いどおりにならないことが明らかなときがあります。

そういうときは、あきらめることも、マイナス感情を増やさないコツといえます。

仏教には、「執着を捨てれば、苦しみはなくなる」という教えがあります。

執着とは、ひとつのことに心をとらわれて、そこから離れられない状態を指します。

仏教の創始者であるブッダは、どんなことでも「絶対にこうでなければならない、と考えると苦しみの原因になるから、執着を捨てなさい」と説いているのです。

智子さん（仮名）は、3年前までの交際相手のことが忘れられず、今でも友達から彼の近況を聞き出したりしていました。

しかし、彼にはすでに新しい恋人がいます。かなわないことは明らかです。

それにもかかわらず、智子さんは「私たちはもう一度やり直せる」と信じこんでいました。

しばらく経ったある日、親友から「そろそろ前を向いたらどう？　きっと、もっといい人がいる。新しい恋を探してみたら？」と言われた智子さんは、思いきって彼をあきらめることにしました。

最初のうちは、幸せな昔の記憶を思い出してつらかった智子さんですが、メールをすべて消して、プレゼントやふたりの写真も処分すると、驚くほど心がスッキリしました。

執着を手放したことで、マイナス感情が消えたのです。

## 執着を捨てることは、幸せになる近道

43

# 日頃から人間関係を大切にする

「己の欲せざる所は人に施《ほどこ》すなかれ」

これは、古代中国の思想家、孔子《こうし》の言葉です。

「自分がされてイヤなことは、相手にもしてはならない」という意味であり、人間関係における基本的なルールといえます。

心をプラスにするには、「物事をプラスに考える」「希望をもつ」「言葉のつかい方に注意する」など、いろいろな方法があります。

しかし、どんなに努力しても、人間関係をおろそかにしている人は、大きな成果を得られないかもしれません。

なぜなら、成功をつかむきっかけは、たいていの場合、人が運んできてくれるものだからです。

たとえば、もてはやされている有名人のことを考えてみましょう。

今は人気者であっても、かつて「あなたは才能がありますね。きっと人気が出ますよ」と認めて才能を世に広めようとした人との出会いがなければ、現在の地位はなかったはずです。

どんなに才能があっても、人間関係がおろそかだったら、チャンスに恵まれずに終わっていたかもしれません。

つまり、成功するには、日頃から周りの人たちを大切にして、いい人間関係を築いておくことが重要なのです。

自分の心をプラスにしたいなら、周りの人の心がプラスになるように協力してあげることです。

そうすれば、相手も「協力しよう」という気持ちになり、お互いに幸せになれるのです。

## 協力すると、自分も相手も幸せがつかめる

44

# 弱みを隠しすぎない

「水清ければ、魚棲《す》まず」ということわざがあります。

「水があまりきれいに澄んでいると、魚のエサになるプランクトンが繁殖せず、魚が隠れる場所もないので棲みつかない」という意味です。

魚を人間に置きかえると、「心が清らかな優等生タイプは、かえって人に敬遠されて、誰も寄りつかなくなる」という意味になります。これといった短所がなく、いわゆる「スキがない人」は、意外と好かれないものです。

完璧な人を見ると、たいていは自分と比べて「私はいい加減な人間だから、相手にしてもらえないかも……」と思ってしまうからです。

周りとの距離を縮めたいと思ったら、自分の弱みを隠しすぎず、あえてさらけ出すと、状況を変えることができます。

由美子さん（仮名）は医者の卵で、大学病院で研修中です。成績が優秀なため、周りから「将来有望だね」と認められていましたが、院内に心をひらいて話せる人がいないことを悩んでいました。

そんな彼女ですが、ある日、同じく研修中の看護師と食事をしたときに、過去の失敗談を話すことになりました。

「私、じつはとても緊張するタイプで、初めて手術に立ち会う日の前日は、ほとんど眠れなかったんです」

すると、「へえ、由美子さんにも意外な一面があるんですね」と盛り上がり、それ以来、周りの人たちの輪に入れるようになりました。

いい人間関係を築くには、相手に安心感を与えることが大切です。弱い部分を見せたとしても、嫌われることはなく、かえって好かれるようになるのです。

## 弱みをさらけ出すほうが好かれやすい

# 5章

# 人に振り回されないコツ

45

# マイナス感情のしくみを知る

怒ったりイライラしたりするのは相手のせいだから、自分ではどうにもできない、と考える人がいます。

しかし実際のところ、気持ちとは、その人自身がつくっているのであり、相手のせいにするものではない、といえます。

たとえば、週末にデートの約束をしていたのに、前日になって相手から「仕事が入った」とキャンセルの連絡があったとします。

こういうとき、「約束をやぶるなんて許せない」とイライラしたり、「私より仕事のほうが大事なの?」と不安になったりする人は多いでしょう。

その一方で、「休日出勤ならしかたない。来週あらためて行きたい場所を調べておこう」「私も風邪をひいてキャンセルしたことがあるから、お互いさまだ」

とすんなり納得する人もたくさんいます。

このように、起こったできごとをどう受けとめるかによって、感情をつくりだしているのです。

思いどおりに物事が進まないという人は、自分でマイナス感情を増やし、プラスの選択を邪魔しています。

その一方、運のいい人は、望んだような結果にならなくても、前向きに受けとめてプラス感情を増やしているのです。

雨が降ったとき、「恵みの雨」ととらえるか、「ゆううつな雨」ととらえるかは、その人次第です。

どんな感情も自分でつくっているのです。

だからこそ、自分次第で心の状態は変えていけるのです。

## 感情は自分でつくりだしている

46

# マイナスのエネルギーをもつ人と距離を置く

明るく考えようとしても、環境のせいでつい、マイナス感情が心に生まれてしまう、というケースがあります。

典型的なのは、自分を否定するような友人たちとつきあっていて、その人たちと話すたびに、心が暗くなってしまうという場合です。

自分を好きになる努力をしようとしても、マイナス感情をもつ人に囲まれていると、それがだいなしにされてしまうことがあるのです。

デパートで働いている由美さん（仮名）は、いつも一緒にランチを食べる同僚たちが苦手でした。同僚たちがいつも誰かの悪口やうわさ話をしているからです。

マジメな由美さんは、悪口を言われている人をかばったことがありました。

すると、今度は由美さんが攻撃されてしまったのです。

由美さんは、彼女たちと過ごすランチの時間が苦痛で、どんどん心にマイナス感情が増えてしまいました。そして、とうとうストレスで胃潰瘍《いかいよう》になってしまったのです。しかし、それは同僚たちと距離を置くちょうどいいきっかけになりました。

「胃潰瘍の治療のためにランチはお弁当にしたから、ひとりで食べるね」と断れたのです。

それ以来、由美さんのストレスはぐんと小さくなりました。

自分の周りに、一緒にいると心が暗くなるような人がいるなら、少しずつ距離を置くようにしましょう。自信がないときは、とくにそうです。

自信があるときは、マイナス感情をもつ人と一緒にいても、たいして影響を受けることはないのですが、自分の心がマイナスの状態にあると、相手のマイナス感情の影響をもろに受けやすくなるのです。

## 自信を奪う人と一緒にいる時間を減らす

# 47 残っているものに注目する

人間には「一度手にしたものは手放したくない」という思いがあります。

大切なものを失ってしまうと、心がひどく傷ついて、なかなか立ち直れません。

しかし、よく考えてみれば、失ったものが大きすぎる場合は別として、たいていの場合、すべてを失ったわけではないのです。

ただ、精神的なショックが大きいせいで、まだたくさんの大事なものが残っていることを忘れているのだと思います。

ですから、何かを失ったとしても、「まだほかにたくさん大事なものが残っている」と考え直してみることです。

派遣社員の久美子さん（仮名）は趣味でテニスをしています。明るい性格で地元のテニスサークルの人気者でした。

しかし、ある日突然、友人から「もう絶交よ」と宣言されてしまったのです。友人は、誰とでも仲良くする久美子さんのことを、内心では嫉妬《しっと》していたようです。この日を境に、久美子さんは強いショックを受けて、サークルにも通えなくなってしまいました。

しかし、仲間たちから「ほかのテニスサークルに通えばいい」と励ましてもらったことで、「私を心配してくれる友達は、ほかにもたくさんいる」と気づけたのです。

久美子さんが、大切な友達を失ったことだけに意識を向けていたら、テニスをやめてしまっていたかもしれません。

落ちこまず、「残っている友人」に意識を向けたため、心がプラスになり、元気を取りもどせたのです。

## 大切なものを失ったショックも和らぐ

# 48 「人は人、自分は自分」と考える

イソップ童話に、「ロバとセミ」という話があります。

ある暑い夏の日、木陰《こかげ》でロバがひと休みしていると、木の上でセミが「ミーン、ミーン」と鳴いています。とてもよく響く元気な声だったので、ロバは思わず聞きほれてしまいました。

そこでロバは「いったい、なにを食べたら、そんな声が出せるの?」とセミに聞いたところ、「霞《かすみ》だよ」と答えが返ってきました。

それ以来、ロバはセミの真似をして霞ばかり食べるようになりました。

しかし、ロバはセミではありません。霞は栄養にならず、よい声が出るどころかガリガリにやせて、しばらくすると栄養失調で病気になってしまいました。

この話は、他人をうらやましがり「自分も真似しよう」と考えてばかりいる人

にとって、参考になると思います。

自信がないと、このロバと同じような行動をとりがちです。

たとえば、専業主婦の友人を見て、「結婚して専業主婦になったら、会社勤めをしなくてすんでいいな」と思っても、実際にそうなってみたら、主婦の大変さに気づくことでしょう。

毎日の家事をこなすことは想像以上に重労働ですし、夫の給料だけでやりくりすることにストレスを感じる人も多いといいます。

「隣の芝生《しばふ》は青く見える」ということわざもあるように、他人のものはどれもよく見えてしまうのです。

「人は人、自分は自分」と考えることで、人に振り回されず、心にプラスの感情を増やしていけます。

## 他人が自分より幸せとはかぎらない

# 49 その場にあった話題を選ぶ

一般的に、楽しい話題を選ぶと、プラス感情を増やす助けになります。

しかし、時と場合によっては、楽しい話題でもふさわしくないことがあります。

たとえば、知人数人と食事をしているとします。

参加者のひとりに、2か月前に親を病気で亡くした人がいます。そういう人を前にして「今度、自分の親を連れて北海道に旅行する」という幸せな話題をもちだせば、その場が気まずい雰囲気になるかもしれません。

聞いている人たちには「不幸があった人の前で、家族との幸せな話をするのは気の毒だ」「失礼だ」という思いがかけめぐるはずです。

このように、その場にふさわしくない話題を出すのは避けるべきです。

周りから「この人は常識がない」と見られるからです。

話題選びで意識すべきことの基本は、まず、明るくて誰でも知っていそうな話題を選ぶことですが、加えて、その場にふさわしい話題を選ぶことも大事なのです。

なんでも思いついたことをすぐに話すのは、賢いとは言えません。

話をはじめる前に「これは、この場にあった内容だろうか」と考えて、「大丈夫だろう」と思えたときに初めて口に出すようにしましょう。

早口の人はとくに失敗しがちなので、意識してゆっくり話してみると失敗を防げると思います。

そうすることで、楽しい会話ができて、お互いの心にプラス感情が増えていきます。

## 聞き手の状況を意識する

# 50 上から目線の言い方をやめる

言葉の内容がポジティブなものであっても、相手より優位に立ったようなつもりの、いわゆる「上から目線」の話し方は避けたほうがいいと思います。

「上から目線」の話し方とは、たとえば相手を見るにつけ説教するような言い方や、余計なアドバイスをすることが挙げられます。

絵里子さん（仮名）は、頭の回転が速く、話し上手な人です。会話中はいつも輪の中心にいるのですが、ときどき相手を不快にさせてしまうことがあります。

あるとき、他社の友人から「新しい上司に変わってから、部署内の雰囲気が悪くなった。以前は全員が仲良しだったのに、最近は言い争いが増えている」と打ち明けられました。

話を聞いた絵里子さんは、「私の職場の雰囲気もよくないけど、そんなことは気にならないよ。会社は仕事をする場所だから、同僚との仲なんて気にする必要はない。それよりも、将来のためにスキルアップすることを考えるべきよ」とアドバイスしました。

絵里子さんに悪気はありません。しかし、友達からすると、「ちょっと偉そうだな」とイヤな気分になってしまう場合もあります。

人が悩み相談をするとき、アドバイスが欲しいわけでなく、ただ共感してほしいだけ、という場合がよくあります。

ですから、相談された内容が自分にとって重要でないなら、黙って話を聞いたり「大変だったね」と共感してあげたりするほうが相手には喜ばれるのです。「口は禍《わざわ》いのもと」ということわざがあります。相手の気持ちを察して余計なお世話はしないことも、プラスの選択といえるのです。

## 余計な発言をしないほうがプラスになる

51

# 相手のいいところに注目する

人は、後悔したくないばかりに、他人の欠点に目を奪われることがあります。

たとえば、職場に新しい人が入ってきたら、表向きは歓迎しつつも、裏では「この人のことを信用してもいいのかな？」とチェックする、という具合です。

なぜなら、一緒に働く人がもし信用できない人だったら、自分が損をするかもしれないからです。

恋愛でも同じです。好みの相手に出会ったら、「すてきだな」と思う一方で、「誠実な人だろうか？」「人づきあいが、だらしなくないだろうか？」といったことが気になるはずです。

つまり、自分が危険にさらされないよう、無意識のうちに相手を調べているのです。

しかし、リスクを恐れるあまり、周りの人を疑いの目で見てばかりいるのも問題です。

「だまされないように気をつけよう」と思いながら接しても、いい人間関係が築けるわけがありません。

そこで、ぜひやってほしいのが、相手のいいところに注目する習慣を身につけることです。

「この人は、いつも穏やかだ」「彼は冷静で、トラブルが起きても動じない」「彼女はおしゃれで、髪型やメイクのセンスもいい」という具合です。

そのように、相手のプラス面を探すと、自分自身の心にプラス感情がわきますし、相手にもいい印象を与えられて、いい人間関係を築くやすくなります。

もし、相手が思ったような人でなければ、その時点でそっと距離を置けばいいだけです。最初から、疑ってかかる必要はありません。

## 疑いの目で見るよりも、いいところを探す

# 52 苦手な相手の前でイライラしない

誰にでも、「この人とは相性があわない」「どうしても好きになれない」という苦手な相手がひとりやふたりはいるものです。

たとえば、本人に悪気はなくても、口をひらけば自慢話ばかりしてくる人がいたとします。

聞き手としては「また、自慢話?」とイライラしてしまうものです。

しかし、心をプラスにするには、こういう場面でも不愉快にならないよう心をきたえておくことが大切です。

相手にイライラしたところで、その後の気分の悪さは増すばかりで、いいことはひとつもないからです。

鼻につく相手だとしても、なるべくイライラせずに「あなたって、すごい」と適当に相づちを打ってあげたほうが、マイナス感情を増やさずにすみます。

それに、あからさまにイライラすると、相手にも伝わるので、その後の人間関係が悪くなってしまう可能性もあります。

理想としては、苦手な相手に対しても、他の人と同じように自然に接することですが、これはある程度、精神レベルが高くないと難しいことです。

でも、必要以上にイライラせず大人の対応をすることは、少し努力すればできることだと思います。

ずっと一緒にいる必要や、仲良くする必要はありません。

会話中は形だけでもきちんと対応して、それ以外は適度に距離を保てばいいだけです。

世の中には、本当にさまざまなタイプの人がいます。

苦手な人に気をとられて心をマイナスに傾けないようにすることが大切です。

### 大人の対応をして適度に距離を保つ

53

# 相手の価値観を尊重する

「彼は間違っているかもしれないが、彼自身は自分が間違っているとは決して思っていない。だから、非難しても始まらない」

これは、アメリカの作家であり、人間関係学の大家《たいか》でもある、デール・カーネギーの著書『人を動かす』に登場する言葉です。

昭和の時代に活躍した有名な俳優のエピソードを紹介します。その俳優が社長をしていた事務所は、定期的に社員旅行をしていました。男性社員が多いため、旅行スケジュールにはゴルフの時間が必ず組みこまれていたそうです。

ところが、ある年、旅行の計画を立てる段階で、ひとりの社員が「私はゴルフに興味がありません。ほかに同じ意見の人もいるはずです。どうしても参加をしなくてはいけませんか？」とお伺いを立てたのです。

役員のひとりは「ゴルフは恒例だから、参加しないとダメだ」と言いました。

ところが、社長はこんな提案をしたそうです。

「ゴルフに興味がない人は、ほかのレジャーを楽しんでもらうのはどうだろう？」

社長は、自分の意見を押しつけずに、違う意見を尊重したのです。このような対応ができると、人から好かれ、人間関係がうまくいきやすくなります。

人はつい、自分の価値観にこだわるあまり、違う価値観の人に対してマイナス感情を抱きがちです。

しかし、「十人十色」という言葉もあるように、人の価値観はさまざまに異なります。

相手を非難すれば、自分の価値観も認めてもらえず、人間関係がギクシャクしてしまうこともある、と心得てほしいと思います。

## 自分の意見も認めてもらいやすくなる

# 54 「次は幸せが待っている」と信じる

「怪我の功名《こうみょう》」「災い転じて福となす」ということわざがあります。
つらいことが必ずしも不幸の原因になるとはかぎらない、と教えてくれることわざです。

忍さん（仮名）は、結婚前提でおつきあいをしていた相手と別れることになりました。忍さんが30歳になるまでに結婚すると約束していたのに、彼は結婚へ向けた行動をしませんでした。内心では「しばらく独身の時間を楽しみたい」と思っていたようです。

それを知ったとき、忍さんは悲しくて泣いてしまいました。「結婚する気がないなら、早めに言ってほしかった。時間をムダにした」と憎しみの気持ちすらわいてきたのです。

しかし、このまま心の痛手を引きずっても、新しい恋愛のチャンスはめぐってきません。

そこで忍さんは、「彼とは結婚の縁がなかった。次は、きっと運命の人に出会えるだろう」と自分に言い聞かせて動きはじめました。

すると、友達の紹介で良縁に恵まれ、無事に結婚できたのです。

このように、つらいことがあっても「次は幸せが待っている」と現実をプラスに受けとめることができれば、マイナス感情に飲みこまれることはないため、運を落とすこともありません。

失恋をマイナスのできごとと決めつける人がいますが、それはよくないことです。

失恋を次に生かすことができれば、それはプラスの経験なのです。

## 次のチャンスを信じれば、現実になる

# 6章

# ときには不調でも、大丈夫！

# 55 希望を捨てない

人生には「なにをやってもうまくいかない」という時期があります。

「同僚が失敗し、自分に責任を押しつけられて、上司から怒られた」

「出張先で財布を落とした」

「体調が悪く、ついには検査入院をすることになった」

このようなことが立てつづけに起こると、「この先もずっと不幸がつづくのだろうか……」と絶望的な気持ちになりそうですが、それでは心がマイナス感情でいっぱいになってしまいます。

ですから、少し無理をしてでも、次のように考えるといいと思います。

「今が最悪の状況だとしたら、これ以上、不幸になりようがない。今は、デトックスの最中だ。この時期を過ぎたら、次は必ずいいことがある」

どん底であること、つまり、いちばん下にいる状態は「これ以上悪いことが起きようがなく、後は上昇するしかない」ととらえることもできます。

「夜明け前はいちばん暗い」という言葉がありますが、どん底とは、まさに夜明け前のことです。

これまで我慢していた人が、本心に気づきはじめたとき、どん底に陥ることがあります。しかし、その状況は長くはつづきません。

漢方薬を飲みはじめると、一時的に状況が悪くなって、そのあとから調子が上がってきます。これを「好転反応」といいます。いったん悪いことがつづくのも、好転反応と同じなのです。

ですから、悪いことばかり起こるときも、決して希望を捨てないでください。なにがあってもプラスに受けとめていれば、必ず報われるときがきます。

## 「これ以上、不幸になりようがない」と考える

# 56 きちんと休む

多くの職場では、仕事中に「しっかりと休息をとる」という習慣が浸透していないようです。

ある野球チームの監督が、次のようなことを話していました。

「精神的なスランプからなかなか抜け出せない選手は、食事や睡眠に問題があることが多い。それなのに、練習が足りないと思いこみ、かえって調子を崩す選手がよくいる」

これはアスリートにかぎったことではありません。

たとえば精神的に落ちこんだとき、「仕事が忙しすぎるから」「友達とケンカしたから」といった原因を思い浮かべます。

しかし、自分の体調に原因があることも、意外と多いのです。

誰にでも、元気いっぱいで好調の時期もあれば、悲しい気分で不調の時期もあります。

このことを体調面から考えてみると、体調がいいときはプラス感情が簡単に増えやすく、体調が悪いときはマイナス感情が増えやすい、ということになります。

そして、「体調が悪いとマイナス感情が増えやすい」と心得ておけば、あらかじめマイナス感情を増やさないような対策を立てておけるはずです。

たとえば、週に1日は自宅でゆっくり休む時間をつくる、定期的にマッサージに行く、不調のときは無理せず安静にする、と決めるだけでも、心身の負担を減らせます。

自分の体を大切にすることは、間違いなく、心のためにもなるのです。

## 体調に気を配れば、マイナス感情を増やさずにすむ

57

# 自分をほどほどに甘やかす

自分に厳しすぎると、人はどんどん自信がもてなくなります。

たとえば、体調不良で仕事を休まざるを得なくなったとします。病み上がりで出勤し、同僚から「昨日、とても忙しかったのよ」と話しかけられたら、どう思いますか?

たいていの人は、「休んでしまって申し訳ない」と少し罪悪感をもち、「ごめんね。昨日のぶんも、がんばるね」と謝るだけで終わります。

しかし、自分に厳しすぎる人は、「私が休んだせいで迷惑をかけてしまった。肝心なときに体調を崩す自分が情けない」と必要以上に自分を責めてしまうのです。

自分を責めると、マイナス感情が増えるだけで、いいことなどひとつもありません。

もちろん、仕事を休んだ原因は自分にあるかもしれません。しかし、体調不良で休むことは誰にでもあることです。休んだ日にたまたまたくさんの仕事が重なった可能性もあります。

人はみな、なんでも完璧にできるわけではないのです。

時には間違えたり、失敗したりするものです。

ですから、自分を責めるのをやめて、ほどほどに甘やかすようにしましょう。

仕事を休んだら「睡眠不足だったせいかな。今後はもう少し早めに寝よう」と反省しつつも、「こういうこともたまにはある。今日はゆっくり休んで、体調を早く回復させよう」と気持ちを切り替えるのがベストなのです。

「しょうがない」と自分に甘くしつつ、反省点を探すことが、プラスの選択につながるでしょう。

## 気持ちを切り替えて自信を保つ

58

# イヤなことは避ける

「自分が本当にやりたくないものはやらない」ということも、心をプラスに保つ方法のひとつです。

当たり前のことに聞こえますが、自信がもてない人は、なにかのきっかけで手を出した結果、そこから抜け出せなくなってしまうことがあります。

益代さん（仮名）は親戚の経営する会社に勤めています。

2年前までは出版社に勤めていましたが、親戚のひとりが結婚して仕事を辞めることになったので、代わりに益代さんが転職するように周りから説得されて、今の会社に入りました。

最初は「親戚の会社だから、リストラされることもなく、安定しているからいいか」という軽い気持ちでしたが、次第に「本当はこんな仕事なんてやりたくない」と感じるようになりました。

益代さんは、マイナスの選択をしてしまったと気づいたのです。

本が大好きな彼女は、たとえ給料が安くても、出版社で働くほうが楽しくて、自分に向いていたのです。


生きていれば、やりたくないことをしなければならない場面もあります。

自分にとって大きな負担でないなら、チャレンジするのはいいことです。

しかし、自分の気持ちを無視して、つらいことをつづけると、どんどんネガティブ思考になるだけで、自分らしさも失ってしまいます。

「適材適所」という言葉もあるように、人は、自分にあった場所で活躍することが、自分の能力を発揮することにつながるのです。

やりたいことを選ぶことが大切です。

## 好きなことをするほうが元気もわく

# 59 罪悪感を手放す

プラス感情を増やすには、「過去の自分への罪悪感」を小さくすることが大切です。

どんな人にもある感情ですが、自信のない人ほど、罪悪感を強く抱いている傾向があります。

たとえば、誰かを傷つけてしまった場合に、「自分を許せない」という気持ちが強くなり、足かせになることがあります。

光代さん（仮名）は、20代の頃、5年ほどつきあった人に対してひどいことをした、と今でも後悔しています。

彼が仕事でうまくいかずに悩んでいたとき、「あなたにも原因があるんじゃない？」と厳しいことを言ってしまったのです。

結局、光代さんが彼に見切りをつける形で別れることになったのですが、その後、友人から「彼がかわいそう」と言われて、自分がしたことのひどさに気づきました。

それからというもの、次の恋愛をする自信をもてず、今に至っています。

彼女が前に進むには、過去の罪悪感を手放す必要があります。

誰であれ、人を傷つけた経験はあるものです。

しかし、罪悪感をもちつづけても幸せにはなりません。

自分を責める代わりに、相手の幸せを祈りましょう。

「あのときは申し訳なかった。今、あの人が幸せに暮らしていますように」

そう考えることで、罪悪感を手放していけるでしょう。

## 過去の自分を許してあげる

# 60

# 「同じ失敗をしなければよい」と考える

失敗すると、「私ってダメな人間」「なんで失敗してしまうんだろう」と落ちこんだり、自分を責めたりしがちです。

しかし、むやみに気にするのはよくありません。

なぜなら、失敗したことばかり考えていると、「これ以上、失敗したくない。でも、また失敗したらどうしよう」と余計にネガティブな考えしか思いつかなくなり、同じ失敗をくりかえす可能性が高くなるからです。

ですから、次のように考えてみましょう。

「失敗したのはしようがない。次からは、同じ失敗をしないように気をつけよう」

美智子さん（仮名）は、友人の結婚式に参加するために、自分に似合うワンピースを探していました。

しかし、デパートに買いに行く時間が取れなかったため、インターネットで検索し、よさそうなものを選びました。

すると、届いたのは、値段にあわない安っぽいワンピースだったのです。

彼女は「痛い失敗だ。お金をムダにしてしまった」と後悔しましたが、「次からはインターネットで服を買うのはやめよう。きちんと自分の目で確認して、試着してから買うことにしよう」と考え直しました。

それからというもの、服を買うときに失敗することが減ったそうです。

ずるずると思い悩むと、その失敗は「マイナスの選択」として記憶されます。

しかし、「次からは同じ失敗をしなければいい」「今回はいい経験だ」と気持ちを切り替えれば、その失敗がマイナスのエネルギーに変わることを防げます。

## 後悔するより「次は気をつけよう」と考える

# 61 成功のヒントを見つける

「チャンスは苦境の最中にある」

これは、「相対性理論」で有名な物理学者、アインシュタインが残した言葉です。

苦しい状況に立たされると、誰でも弱気になります。

ひどい場合だと、パニックになり、逃げ出したい衝動にかられる人もいるかもしれません。

しかし、そういうときでも、アインシュタインの言うように「この状況のなかにチャンスがあるかもしれない」と考えることはできます。

一見すると「トラブル」のような状況に置かれたとしても、「なんとかうまくいく方法があるはず」とプラスの受けとめ方をするのです。

若葉さん（仮名）は、赤ちゃん向けの商品を扱う会社で働いています。お客様の問い合わせ窓口を担当しているのですが、実際のところ、寄せられるのはクレームばかりです。

仕事熱心な彼女は、一人ひとりのお客様の声をきちんと受けとめるよう努力していましたが、次第に、精神的にきついと感じるようになりました。

「このままではうつ病になってしまう」と感じた彼女は、先輩に相談したところ、こうアドバイスされました。

「お客様の話をただ聞くのではなく、『どのような商品なら、ご満足されますか?』と自分から質問してみると、スムーズにいくよ」

それ以来、積極的に質問を投げかけるようにしたところ、お客様から「要望を聞いてくれてありがとう」と感謝されることが増えたというのです。

これは、トラブルを好転させた実例です。

## どこかにうまくいくチャンスがある

# 62 深い悩みに飲みこまれない

悩みが深いと、マイナス感情がどんどん大きくなり、マイナスの選択をするようになってしまうので、注意が必要です。

安恵さん（仮名）は、建設会社で経理を担当しています。仕事内容や人間関係、収入にはそれほど不満はありませんでしたが、ここ1年ほど、将来について思い悩むようになりました。

「もっと自分に向いている仕事がほかにあるかもしれない。もうすぐ30歳になる。年齢を重ねると転職が難しくなるから、今がチャンスかもしれない」

最初は気の迷い程度でしたが、次第に「今の会社にいても、自分にとってはいいことがない」と考えるようになり、半ば逃げるような形で転職に踏み切りました。

しかし、新しい職場でも結局、経理を任されることになったのです。ここではじめて、自分のしたことを後悔しました。

「同じ仕事なら、前の会社でもよかった。周りの友達よりも収入が高かったし、自分のことを理解してくれる人もたくさんいたのに……」

彼女にとっては、以前の職場で働くことが幸せだったのです。

悩みが深いときは、心の迷いからマイナス感情が増えて、つい、本来は望まないようなマイナスの結果に歩み寄ってしまうことが多くなります。

ですから、悩んだらひとりで抱えこまないことです。

信頼できる友人に話を聞いてもらうなどして、心がマイナスに偏らないよう注意することが大切です。

また、趣味に没頭したり、自然のある場所へ行ったり、体を動かしたりして、気分転換をはかることも、悩みを大きくしないために効果的です。

## ひとりで抱えこまず気分転換する

## 63 ときには方向転換を考えてみる

「夢に向かって行動するたびに、最初はワクワクしていたけど、今は楽しくなくなった」

「しばらくがんばったけど、自分が描いていたものとはズレている気がする」

このような思いが浮かんできたら、方向転換を考えてみてもよいのです。

実際にやってみたら思っていたのと違った、と感じることは珍しくありません。

そういう場合は、新たな夢を見つけるとプラスになることがあります。

「あきらめる」というとマイナスの選択のようなイメージをもつ人がいるかもしれませんが、長い目で見ると正しい場合もあるのです。この場合、「ここまできたからには後戻りはできない」と意固地になるほうがマイナスの選択になります。

このあたりの見極めは難しいところですが、心がストレスでいっぱいになる前に、見切りをつけて方向転換する勇気をもつことが大切です。

正子さん（仮名）は、小さなレストランを経営しています。食事も飲み物もすべてオーガニックの素材をつかう、こだわりのお店です。

彼女は以前、全国展開しているレストランチェーンで働いていて、店長になりたいと夢見ていました。しかし、途中で「自分が本当にやりたいこととは違う」と気づき、退職しました。

「大きなチェーン店で働いた経験は、レストランを経営していくうえで役に立っています」と、今の彼女は言います。

人生は、長いようで短いものです。

自分とあわない夢に執着して時間をムダにするよりも、「違う」と思ったら方向転換をして、心が求めるほうへ進むことが大切です。

## 「これは違う」と感じたら正直に応える

## 64 「この経験が、いつか役に立つ」と考える

つらいことがあって落ちこみそうなときは、「この経験が、いつか役に立つ」と考えて、プラスに受けとめるのもひとつの方法です。

華子さん（仮名）は、10代から海外で過ごし、アメリカの高校と大学を卒業しました。堪能な英語力を生かすために、外資系企業への就職を希望しましたが、競争率が高く、なかなか採用に至りませんでした。

それでも彼女は「外資系以外では働きたくない」という気持ちが強かったため、家電量販店の販売員や英語教師のアルバイトをかけもちしながら、就職活動をつづけました。

当初は「アルバイトでは能力を最大限に生かせない。でも、生活のためにはしかたない」と決めつけて、イヤイヤながら仕事をこなしていました。しかし途中

から「今の仕事が、いつか役に立つかもしれない」とプラスに受けとめて、真剣に取り組んだところ、状況が変わってきました。

あるとき、家電量販店の上司から「外国人のお客様が増えているので、正社員として入社して英語力を生かしませんか？」と声をかけられたのです。

さらに、英語教師としての評判が口コミで広がり、知人から「子ども向けの英語教室をひらくので、そこで先生をしませんか？」とお誘いを受けました。

どちらも外資系企業ではないので迷った華子さんでしたが、最終的には家電量販店に就職しました。今では、外国人の対応専門の販売員として活躍しているそうです。

このように、最初は不本意でやっていたことでも、「この経験が、いつか役に立つ」と考えるだけで、心がプラスになり、状況も変わるのです。

## 「あのとき経験しておいてよかった」と思えるときがくる

# 7章

# 新しい夢をかなえるヒント

# 65 幸運は自分でつかみとる

「特別なことをしなくても、ある日突然、チャンスに恵まれて運が急上昇するかもしれない」と甘い期待を抱くことは、誰にでもあると思います。

たしかに、ひょんなことから人生がひっくり返るような幸運に恵まれる人が、世の中には存在します。

しかし、運というのは、まったく偶然によくなることはないのです。

興味深い話を紹介します。

ある銀行が、宝くじの当選者を対象にアンケートをおこないました。

すると、宝くじを買ってきた年数が長い人ほど、高い金額の宝くじに当選しているとわかりました。

初めて買って当選したラッキーな人もいるようですが、ごくわずかであるという結果が出たそうです。

宝くじに当選することは、運のいいできごとです。

しかし、運をつかむには、「次はきっと当たるかもしれない」と信じ、ワクワクしながら何年も宝くじを買いつづける必要があるのです。

「自分にもラッキーなことが起こればいいのに」「人生で成功したい」と考えるのは、決して悪いことではありません。

しかし、時の流れにただ身をまかせているだけでは、運に恵まれることはまずありません。

運がいい人になりたいのなら、偶然に起こるかもしれないラッキーなできごとをぼんやりと待つのはやめたほうがよいでしょう。

プラス感情を心に増やしつつ、行動を変えることではじめて、運がいい人になれるのです。

## 偶然ラッキーになることはない

66

# 「運がいい人になる」と決意する

「よいことを思えばよいことが起きる。悪いことを思えば悪いことが起こる」

これは、アメリカの牧師で、成功哲学の第一人者でもあるジョセフ・マーフィー博士の言葉です。

この言葉のとおり、運がいい人は、もれなく「自分は運がいい」と強く信じています。

「この人は実際に運がよく、いいことがつづいたから、運がいいと思っているのでは?」と考える人もいるでしょう。

しかし、実際はそうではありません。最初に「自分は運がいい」と思っていたから、いいことを引き寄せたのです。

つまり、運がいい人になるための第一歩は、「運がいい人になる」と本気で決意することです。

今現在、運に見放されていると感じている人は、「不景気だし、リストラされたらどうしよう」「私は昔から運がないから、幸せな結婚ができないかもしれない」といったように、将来のことをネガティブに考えがちです。

しかし、未来はまったくの白紙です。どうなるか、誰にもわからないのです。

運がよくなるかどうかは、今の時点ではまだ決まっていません。

その人がこの先、プラスに考え、プラスの行動を選べば、プラスの未来が引き寄せられます。

人は、自分で考えたような人間に、自然となっていきます。

「運がいい人になる」と思わない人が、プラスの選択などできるはずがありません。ですから、運がよくなる未来を想像しましょう。

本気になった瞬間から、人生はいい方向に変わりはじめます。

## 信じた瞬間から人生はいい方向に変わっていく

# 67

# 「今、チャレンジしたいこと」を考える

「夢や希望をもつといい」と言われても、「テーマが大きすぎて思いつかない」「目の前に悩みごとがたくさんあって、考える気力がわかない」と困る人もいると思います。

そういうときは、「今、チャレンジしたいこと」を考えてみることです。

「フランス語を勉強して、仕事でつかいたい」

「ペット可のマンションに引っ越して、犬を飼いたい」

「オーストラリアへ行ってみたい」

心がワクワクすることなら、小さくてもいいのです。

そのうえで、できれば未体験のことを探してみるといいでしょう。

なぜなら、単にワクワクすることをやるよりも、これまでと違ったことにチャ

レンジするほうが、達成感や自己実現感が得られやすく、プラス感情を増やしやすいからです。

チャレンジしたいことが見つかったら、ひとつずつ実行に移してみてください。

「お金も時間もないから、すぐにはできない」と思う人もいるかもしれませんが、そこはなんとか知恵をしぼって、大きな負担にならないやり方を見つけましょう。

たとえば、フランス語の勉強は、体験レッスンをおこなっている教室を探せば、無料で受けられることもあります。

犬をすぐに飼うのは無理でも、不動産屋でペット可の物件を探すことはできます。

大切なのは、同じことのくりかえしだった毎日を、少し変えるようななにかを選ぶことです。それだけで、心は喜びます。

## いずれ「本当にかなえたい夢」が見つかる

# 68 自分の好きなことに注目する

自分の好きなことのなかに、夢のヒントが隠れていることがあります。

誰でも、好きなことをやっているときは、プラス感情が増えます。

しかも、「好きこそ物の上手なれ」ということわざもあるように、好きなことは自然と一生懸命に取り組めるので、早く上達します。

上達すると、もっと楽しくなって、さらにつづける、というプラスの循環が生まれるのです。

ですから、夢や希望が見つけられないときは、自分の好きなことに注目してみるとよいのです。

英里子さん（仮名）は、派遣社員をしていましたが、派遣先が倒産して職を失いました。新しい仕事を紹介してもらえるよう、派遣元へお願いしましたが、なかなか働き口が見つかりません。

そこで英里子さんは、かねてから実践していた、ヨガ講師の仕事にチャレンジすることにしました。

じつは、5年前にヨガ講師の養成コースを卒業しましたが、就職先が見つからなかったため、ヨガを仕事にするのをいったんあきらめていたのです。それでも、ときどきボランティアとしてヨガのイベントなどに参加しながら、技術を磨きつづけていたのです。

翌月、磨いてきた技術が強みとなり、ヨガスクールに就職が決まりました。好きな仕事のことを考え、心をプラスにした結果、よい未来を引き寄せたのです。

このように、自分が好きなことの先に、希望が見つかることがあります。

## 好きなことに夢のヒントが隠れている

69

# 具体的な目標を立てる

「ローマは一日にして成らず」という格言があります。

「すべての道はローマに通ず」と言われたほど繁栄したローマ帝国も、一日で築かれたわけではありません。

長期間、ときには苦難の歴史を乗り越えてきたからこそ、長きにわたって繁栄したのです。

つまり、大きなことを成し遂げるには、長年の努力がいるのです。

この格言を夢にあてはめてみても、同じことがいえます。

雅子さん（仮名）は、「パティシエ（菓子職人）になって、将来は自分の店をもつ」という夢を見つけて、半年前から洋菓子店で働いています。

最初は「すぐにケーキをつくれたらいいな」と考えていましたが、まだ修業中で、仕事は雑用が中心です。

なかなかケーキをつくらせてもらえず、はじめは落ちこみもしました。

しかし「ひとつずつマスターしよう」と決めて、いくつか目標を立てました。

まずは、「売上アップの仕掛けを考える」という目標に取り組んだところ、2週間もしないうちに実現できました。

ケーキのおすすめポイントをカードに書いて、店頭に掲示し、お客様に気軽に見てもらうようにしたのです。

目標を達成できた雅子さんは、「ショーケースに出ているケーキを1日で完売させる」という、次の目標の実現に向けてがんばっているところです。

このように、具体的な目標を立てて、ひとつずつクリアしていくと、心にはどんどんプラス感情が増えていきます。

## 目標をひとつずつクリアしていく

# 70 簡単なことからやってみる

目標を立ててチャレンジすることは、心をプラスにするために効果的です。

ポイントは、いくつか目標を立てたら、簡単なことからトライする、ということです。

最初は「私にもできた」という成功体験を積み重ねることが大切だからです。

心理学に「スモールステップの法則」があります。

これは、小さなことを少しずつ積み重ねることで、最終的に希望がかなう、という意味です。

たとえば、「本を出版したい」という夢があるとします。こういうとき、すぐに本を出版できるなんてことは、ほぼありません。

ある占い師は、3年がかりで本を出版する夢をかなえたのですが、最初は自分ができそうなことだけを目標にし、少しずつハードルを上げていきました。

まず、書きたいテーマを考えて、手帳にメモする。

テーマがある程度見つかったら、ブログを開設する。

1日1記事を投稿する。わかりやすい文章を心がける。

出版社の編集者と出会えるようにアプローチする。

編集者と出会ったら、自分のブログを紹介する。

このように、段階的に目標を達成していくと、「努力しているのにうまくいかない」といったマイナス感情に飲みこまれなくなります。

小さな挑戦が成功したら、成功体験を味わいましょう。

自分自身を喜ばせるたびに、心にはプラス感情が増えていきます。

## 目標のハードルは少しずつ上げていく

# 71 夢がかなった自分の姿をイメージする

「イメージング」という言葉があります。自分の理想の姿や、夢がかなって喜んでいるシーンをありありとイメージすると、現実もそのとおりになる可能性が高くなる、というものです。

この手法を実際におこなって成功した人は、じつは数多くいます。

『ジュラシック・パーク』『E．T．』などの大ヒット作を手がけた映画監督のスティーブン・スピルバーグも、そのひとりです。

彼は、学生時代から、映画監督になるという夢がありました。毎日、「自分が監督になって映画を撮影しているシーン」をイメージングしていましたが、「もっと強くイメージしたい」という思いにかられました。

そこで、大胆にも、ロサンゼルスにあるユニバーサルスタジオの撮影現場に、関係者としてもぐりこんだのです。結局、約1年をかけて、撮影現場の雰囲気を細かく観察できたそうです。

とはいえ、スピルバーグのような本格的なイメージングは、日常生活ではなかなか難しいかもしれません。

そこでためしてほしいのが、自分の夢にかんする写真をながめながらイメージングすることです。

来年結婚する予定の紀子さん（仮名）は、住みたい家に近いイメージの写真を雑誌などから切り抜いて、手帳に貼っています。

手帳をながめて、新しい家のキッチンで料理をしている自分の姿や、家具やソファーの配置をイメージしているといいます。

イメージング中、心にはプラス感情が増えています。そのエネルギーが、プラスの選択を後押しし、夢をかなえることがあります。

## 写真をながめてイメージングすると現実化しやすい

## 72 いちばん実現したい夢を追いかける

「右手に筆を持って丸を描きながら、同時に左手に筆を持って四角を描くことはできない」

この言葉は、古代中国の思想家、韓非《かんぴ》が著書『韓非子《かんぴし》』で述べたもので、「同時にふたつのことをしようと思っても、結局、どちらもうまくいかずに終わる」という意味です。

現代人が夢をもつときも、この真理は当てはまります。

化粧品会社に勤める良子さん（仮名）は、社内の人も一目置く優秀なキャリアウーマンです。

彼女は20代の頃から、「社内で営業成績トップ10に入りたい」「大きなプロジェクトのリーダーになりたい」「同僚のなかでいちばん早く出世したい」という夢を掲げて、見事にかなえてきました。

しかし、長年願っているのに、どうしてもかなえられない夢がひとつだけあります。それは、「自分の仕事を応援してくれる相手と結婚をする」というものです。良子さんは仕事の能力が高いため、かないやすい夢にすべてのエネルギーを注いでいます。そのぶん、結婚の夢は中途半端になっているのです。

しかし、彼女にとって本当にかなえたい夢は、結婚のほうです。

それなのに、仕事だけがんばっても、本当の意味で満足感を得ることはできません。

彼女にとってのプラスの選択は、仕事を抑えて、結婚相手を本気で探すことといえます。

あとで後悔しないよう、今の自分がいちばんかなえたい夢を知ることが大事です。

## 本当にかなえたい夢に集中する

# 73 世間的な「成功」に流されない

「これだ！」という自分の夢を見つけたときに、まずおこなってほしいのが、「本当に自分はこの夢をかなえたいのだろうか？」と確認することです。

なぜなら、夢を見つけた段階で、マイナスの選択をしている可能性があるからです。

会社員の桜子さん（仮名）は、「起業家として成功したい。将来はオフィスを持って、従業員を雇って、大きな会社にしたい」という夢がありました。

現在は、どの分野で起業するか考えている最中で、起業家向けセミナーやワークショップに積極的に参加しています。

講師の話を聞くたびに、「私も早く起業したい」と思うのですが、セミナーが終わってしばらくすると、モチベーションが下がっていくのです。

どんな商品を扱いたいか、どんな形で起業したいか、などの具体的な計画はさっぱり浮かんでこないままです。

本人も「これでは夢が実現しない」とわかっているのですが、モチベーションをあげるために、セミナーへの参加をくりかえしていました。

桜子さんはなぜ、努力しているのに、いまひとつ本気になれないのでしょうか。

それは、自分の本心でないことを夢に選んでしまったからです。「お金持ちになる」「みんなの憧れの存在になる」ということは、一見、誰でも望んでいそうなことですが、じつは世間的な「成功」を真似しているだけで、自分の心は望んでいない、ということもあるのです。

夢は、自分が本当に喜べるような内容でないと意味がありません。

自分の望むことはなんなのか。心の声をよく聞いて選ぶことが大切です。

## 心から喜べることを選ぶ

# 74 精いっぱいやったら、なりゆきにまかせる

自分の心が望んでいるプラスの選択をしたからといって、100%うまくいくわけではありません。

しかし、途中で無理だと感じても、今の自分の限界までやってみましょう。投げ出さず、ベストを尽くすことが大切です。

中途半端にやっておきながら、誰かが成功すると「自分ももっとやればよかった」「本気を出せば私にもできた」などと言う人がいますが、継続しなかった人が発言したところで、誰も聞いてはくれません。

本気でやらない人はどこにも進まず、ゆらゆらと人生を漂流するだけです。

その一方、たとえ失敗したとしても、プラスの選択をして、本気でがんばった人は、その過程で大切ななにかを得ることができます。

それは、多くの仲間かもしれませんし、失敗から得た教訓かもしれません。

多くの成功者が、「あのときの失敗があったから、今がある」と話すように、失敗こそが人生の大きな財産になるかもしれないのです。

プラスの選択をすれば、なにかしら得るものがあるため、心にはプラス感情が増えます。

そして、失敗から学び、成長できるようになると、その後の人生が変わっていきます。

成功しても失敗してもプラス感情が増える状態になれば、その人のツキはどんどんアップして、いいことを引き寄せます。

「精いっぱいやった」と言えるところまでやりきったら、結果を気にしすぎず、なりゆきにまかせればいいのです。

## どんな結果になっても、なにかを得られる

※本書は2017年2月に海竜社から刊行された
『プラスの選択で人生は変わる』を文庫化に
あたって改題し、再編集したものです。

STAFF
カバーイラスト noka - stock.adobe.com
本文デザイン 浦郷和美
本文DTP 森の印刷屋

青春文庫

朝《あさ》イチバンの1日《にち》1話《わ》
元気《げんき》がわく習慣《しゅうかん》


2023年3月20日　第1刷

著　者　植《うえ》西《にし》　聰《あきら》

発行者　小澤源太郎

責任編集　株式会社プライム涌光

発行所　株式会社青春出版社

〒162-0056　東京都新宿区若松町12-1
電話　03-3203-2850（編集部）
03-3207-1916（営業部）
振替番号　00190-7-98602

印刷／中央精版印刷
製本／フォーネット社

ISBN 978-4-413-29824-7



万一、落丁、乱丁がありました節は、お取りかえします。